地銀支店長という仕事

どう動き、どう生きるか

中西 務

近代セールス社

はじめに

地域金融機関をとりまく情勢はここ数年で激変してきている。今後何年かでさらに合併や消滅などが進むかもしれず、経営の舵取りは本当に難しくなってきている。

一部の金融機関では賞与カット等もすでに行われており、そこに働く者は不安を増大させていることであろう。その影響もあってか、残念ながら優秀な人材も途中で金融機関を退職するケースが増えてきている。

私が支店長昇格の内示を受けたのは、平成18年6月のことであった。当時私は38歳。同期入行でまだ在籍していた男性25名のうち、すでに5名が支店長になっていたので、決して早いほうではなかった。

拝命を受けたのは、京都市の南部にある支店で、京都市内の店舗網のエアポケットのようになった地域に8年前に新設された支店であった。

赴任時の総貸出金は約１４０億円、総預金が約１１０億円のオーバーローン店舗で、事業融資先数が約２１０先、行員数は支店長のほか、男性が7名、女性が5名、パートが2名の計15名の小規模店舗であった。

辞令交付から赴任までの休日を利用して、妻と当時4歳だった息子と一緒に車で支店を見に行った。支店の前に二人を立たせて写真を撮った。とてもうれしかったことを覚えている。

２階建てで建坪が１００坪程度の決して大きな支店ではなかったが、雲一つない青空を背に立っているその姿を見て、これが自分の支店なんだと思うと感無量であった。

私は思った。「この支店で銀行員を終えるつもりで仕事をしよう」「悔いのないよう、精一杯頑張ろう」と。

この最初の支店を皮切りに、大阪府下にある中規模店舗、京都市内の大型老舗店舗の支店長を務め、平成25年2月からは本部のエリア長や滋賀営業本部長を歴任した。その間、業績表彰最優秀店や数々の表彰を受賞した。

本書は、様々な規模の営業店の支店長や、エリア全体を統轄する役職を歴任した中で自身が行ってきたことや心掛けていたこと、失敗事例や成功事例を紹介し、**「地方銀行の支店長とはどうあるべきなのか？」**ということについてまとめたものである。

冒頭でも述べたとおり、地域金融機関を取り巻く環境は、将来が大変不安な状況にある。ＡＩの導入等によって、人員も今後大幅に削減されるかもしれない。けれど案ずることなかれ、地方銀行という業態がなくなることはないと私は思っている。

例えば10年後、中小企業が資金調達を行うとき、それがすべてクラウドファンディングにとって代わられていたり、ＡＩが自動判定しているとはどうしても思えない。やはり今と同じように、金融機関職員と膝を突き合わせ、いろいろ相談をしていると思うのである。

ただ、時代が大きく変化しつつあることは否定できない事実。おそらくは厳しさが増していくだろう時代の変化の中で、支店長はどうあるべきなのか。どう動くべきなのか。本書を読んでいただくことで、若い支店長の皆さんや、これから支店長を目指す皆さんの明日からの活動に、少しでも参考になればと思う。

一言、私の嘘偽りない思いを申し上げるなら、「**地域金融機関の支店長という仕事は、本当にやりがいのある素晴らしい仕事である**」ということである。それを伝えたいがため、本書を書かせていただいた。

本書を読んでいただくにあたって、私が支店長になるまでの略歴を知っておいていただいたほうが理解しやすい部分もあるので、簡単に触れておくことにする。

大学卒業後、京都銀行に入行し、市内の大規模店に配属となった。融資中心だったが、一応出納（当時はこう呼ばれていた）を含めて一通りの内部事務も経験した。その後、本部の資金証券営業部で私募債業務の立ち上げやＩＰＯ支援業務に携わったのち、大阪府下の店舗へ異動、同時に係長に昇格した。新規開拓部署への異動と同時に支店長代理に昇格。その後、京都市内の営業店2か店を支店長代理、課長として経験。京都府下店で次長に昇格し、その後、支店長となった。

営業店では、基本的には融資営業・管理が中心で、融資に関しては知識、折衝能力、判断力等々、一通りのことは持ち合わせていると自負している。攻めの部分だけでなく、支店長代理や課長をやっていた時期はバブルの不良債権処理真っ只中で、回収のタフな交渉も嫌というほど経験した。

また本部在籍中に「証券アナリスト」の資格も取っており、預かり資産に関する相場等についても、一般的な銀行員よりは理解している状況であったと思う。銀行での私の略歴はざっとこんなところである。

本書を読んでいただいている皆さんは、新任支店長もしくはこれから支店長になろうとしている方が多いと思うので、事例等は基本的に、私の新任支店長時代の話を中心に書いていくこととしたい。

なお、本書で述べている意見・考え方等は、あくまで筆者個人のものであり、当然ながら、筆者が所属していた銀行を代表するものではないことをお断りしておく。

中西 務

目次

第2章　人事に対するスタンス　39

第4章 支店長の与信管理・事務管理、その他業務

第5章 支店長はどうあるべきか？　181

第1章

赴任店ではまず何をすべきか？

1 自店の強み・弱みを把握する

――支店エリアは自分の目で見て、調べ、感じよ

支店長として赴任した店で、まずしなければならないことは、「**現状を正確に把握する**」ということである。自店の計数、マーケット、行員のレベル、事務水準等々について、正確に把握しなければならない。これをいい加減にすると後々の施策に間違いが生じ、支店を目指すべき方向に進められず、ひいては部下が不幸になる。

当時、京都銀行（以後、当行という）では、支店長赴任後、自店の強み・弱みを分析し、そこから5か年の数値計画を書いて、営業担当役員とすり合わせをするということをやっていた。経営から望まれるのは本当に夢のような高い数値であったが、結果的に初任店の2年間はその数値を上回る実績を上げて後任に引き継ぐことができた。

自店の現状分析を行い、今後のあるべき姿を検討するにはSWOT分析が有効である。

SWOT分析とは次のような項目を書きだし、最適な戦略を立てるマーケティング手法である。

	プラス要素	マイナス要素
内部環境	Strength(S) 活かすべき強み	Weakness(W) 克服すべき弱み
外部環境	Opportunity(O) 市場機会	Threat(T) 回避すべき脅威

これを行うにあたっては、**様々なデータを客観的に分析する**必要がある。

自店計数分析では主に、預貸金量、口座数、企業融資先数、住宅ローン残高、給振・年金先数、およびそれらの時系列での推移といったところを見る。

またマーケット分析では、自店エリアの人口、世帯数、事業先数、およびその推移、さらには、そのうちに占める自行シェア、近隣ライバル行や僚店の預貸金量といったところを見る。

データ分析とあわせて重要なことは、「**エリアをよく知る**」ということである。そのエリアの歴史や特徴、旧所名跡、有力者等々、書物や過去のデータでできる限り調べてみる。

さらに、書物や過去のデータで調べるだけでなく、「**エリアを自分の目で見て調べ、感じる**」ことが重要だ。自店エリアなどさして広くない。支店長は車でなく、歩いて一度くまなくエリアを見て回るべきだ。自分の目で見ると新たな発見がある。**赴任当初の休日は、できる限り自店エリアを歩いて回る**ことをおすすめしたい。

地域の分析から間違いのない戦略構築へ

私が初めて支店長として赴任した支店を例にとると、赴任後約1か月の間に、エリアを歩いて回り、さらにデータ分析なども踏まえてわかったことは次のとおりであった。

・もともとは田畑が広がる地域であったが、幹線道路が通り、高速道路のインターチェンジも近いので企業が進出してきており、また一部は住宅地として開発されてきている。
・近隣の優良企業はすでに僚店で取引があることが多く、自店の取引先は中小どころの歴史が浅い企業が多い。
・近隣にはロードサイド店が多く、またエリア内にはラブホテル街がある。そのため窓口では大量の現金入金や両替業務等が発生する。
・駐車場が広く、15台程度は駐車可能。しかし、それゆえに、消費者金融返済等の一見客の現金振込が多い。
・また、駐車場の便利さから、店頭には僚店取引先が来店され、総合振込の持込み等が多い。
・一方、開店当時は融資ありきの時代であったためか、近隣の個人との取引深耕が不十分で、当行でも数少ないオーバーローンの支店であった。
・近隣の個人宅は旧農家が多く、とても立派な門構えの家も散見された。その中には、道路拡張に伴う収用でにわかに大金を手に入れた人も少なくないとのことであった。

・競合他行は、歴史の古い地元信用金庫が主であり、都銀までは距離があった。ただし、数年前に府外の地銀が支店を開設し、やり手の支店長が他行肩代わりを積極的に仕掛けている。

こうした分析が、支店としての間違いのない戦略構築につながっていくのだ。

自分の目で部下行員を把握する

自店を取り巻く環境の分析とともに、**行わなければならないのが部下行員の把握**である。

部下の行員に対しては個別面談を行うとともに、行動や仕事ぶりをよく観察することが重要だ。聞こえてくる評判や噂等はあくまでも参考程度にとどめ、自分で判断することである。

次に挙げるのはあくまで例で、かなり脚色したものだが、例えばこのようなかたちで、部下行員について把握する。

〈内部業務〉

・A代理（支店長代理）……人柄は極めて実直。努力も決して怠らない。ただし判断力や意思決定能力に正確性を欠く。つまり、こちらで正しい道を示してやれば、それに対しては実直に努力する。
・B主任（テラー）……唯一の開店チャーターメンバー。支店のことを一番知っており、人当たりもいい。人員が少ないこともあり、テラー兼資金管理（本出納）兼個人金融アドバイザーという3役をやっている。
・C（テラー）……時々ミスはあるものの、処理スピードは抜群。気立てのいい子。
・D（後方事務）……ベテラン行員。おとなしいが仕事の安定感はあり。
・E（後方事務）……2年目。真面目に前向きに努力している。
・F（後方事務）……新入行員。まだまだだが、物おじせず頑張っている。
・パート2名（後方事務）……年配で、できる範囲は限られているが、よく働いてくれる。人柄もよく、行員に悪影響を及ぼすようなことはない。

〈渉外担当〉

・G代理（支店長代理）……若く粗削りでミスも多いが、責任感が強く、お客様や部下からの人望も厚い。交渉事もタフにこなせる。

・H主任……持っているものは悪くないが、慌て者のところがある。

・I主任……名門大学出身で頭は良い。実務レベルではまだこれから。

〈融資事務担当〉

・J代理（支店長代理）……元々のポテンシャルが高いうえによく勉強する。事務は堅実で稟議書の作成力、検証力も高い。しかしそれゆえか、部下に対して厳しい一面がある。

・K……体力とガッツは十分。ひたすら前向きでお客様に可愛がられるタイプ。あまり勉強しないのが難点。

・L……まだまだこれからであるが、みんなの盛り上げ役である。

ＳＷＯＴ分析で自店の強み・弱みを明確化

このような材料から、私はＳＷＯＴ分析に従い、自店の強み・弱みを次のように分類した。

Ｓ＝活かすべき強み

・行員は全員年下で、成長のポテンシャルはあり、やる気もある。
・既存取引先は、業歴の浅い多種多様な企業である。シェアアップの余地もある。
・駐車場が広く、駐車スペースをめぐるトラブルがない。

Ｗ＝克服すべき弱み

・個人預金が少なく、地元個人に対する取引深耕ができていない。
・住宅地域もあるが、住宅ローンがほとんど取り込めていない。
・内部事務の教育側の人材が不足している。
・近隣にラブホテル街やロードサイド店があり、店頭での現金の入出金が多い。

O＝市場機会

・エリアには、開拓可能な新規事業先が多い。
・エリアには、幹線道路拡張に伴う収用によりお金を持っている旧農家の資産家が多い。
・ごく近隣の競合他行は、信用金庫1店舗のみ。

T＝回避すべき脅威

・店頭来店客は自店取引先が少なく、僚店取引先が多い。
・後発で支店ができた地域のため、エリア内には僚店の取引先も多い。
・ATMは、消費者金融の返済等の振込で来店した、一見客による現金入金が多い。
・府外の地銀が出店し、攻勢をかけてきている。

そして以上のことから、私は戦略の柱として次のことを掲げた。
①事業融資は既存先のシェアアップ、新規先の獲得により増量

②住宅ローン案件が安定的に入ってくるような不動産業者開拓
③地元顧客深耕による預かり資産増量と収益確保
④現金事務の負担軽減
⑤お客様の待ち時間短縮

これで、具体的に何をどうしていくべきかという方針が固まった。次はそれを部下にどう落とし込んでいくかである。

② 支店経営方針を部下に伝える
――新入行員にもわかる言葉で、具体的に話す

私は支店長として新しい店に赴任したら、2か月以内に全員を集めて自分の方針や気持ちを伝えることにしていた。

具体的な施策を言う前に、自分は支店長としてこの支店をこういう支店にしたい、それはこういう理由からである、ということを伝える。そしてそれを理解してもらったうえで、自分の目指す支店になるよう協力してほしい、ということをはっきり全員に伝えるのである。

全員に何かを伝えたいとき、そのポイントは「新入行員でもわかるような言葉で話す」ことだ。会議などが実のないものになってしまう大きな原因は、目標とする数字を羅列し、「では、みなさん頑張りましょう」で終わってしまうことにある。**なぜ、これをやらなければならないと支店長が考えているのかを、部下に**

わかるように話さなければならない。

以下に紹介するのは、私が支店長として赴任した店で、最初の会議の際に話していた内容をまとめたものだ。少し長いが、参考にしていただければと思う。

私（支店長）の思うこと

1　支店長の仕事とは？

支店長の仕事とは何でしょう？　それは究極に突き詰めれば次の2点だと思います。

(1)支店の行員ならびにその家族を幸せにする。
(2)支店を地域経済発展に最も役立つ、地元に愛される銀行にする。

2　支店の行員ならびにその家族を幸せにするにはどうしたらよい

か？

(1)支店に与えられた目標はすべて100%達成する。

我々は何のために働いているのでしょうか？　日々の充実ややりがいなど、いろいろあるでしょうが、基本的には「金」を稼ぐためです。したがって、君たちの給料をできるだけ増やすことが私の仕事です。そして君たちの給料は、基本的には全行員の中での相対的な結果評価となります。

だから「支店に与えられた目標はすべて100%達成する」「各個人の目標もみんなが達成する」——これを当然のことと考えておいてください。

(2)みんなができるだけ働きやすい環境をつくる。

支店の中にはいろいろな仕事があります。毎日、「あの人の仕事いいなあ。自分もしたいなあ」と思いながら仕事をしていては、モチベーションも上がりません。やりたい仕事のある人は申し出てください。人繰り等ですぐには難しいかもしれませんが、私の裁量でできる範囲は希望に応えたいと思います。私は「今よりも輝こうとする、やる気のある人材」を大切にしていきます。また、職場環境についても、予算の関係もあり、すべてを聞けるということはないと思いますが、要望があればどんどん言ってください。

(3)健康に暮らす。

これは基本中の基本です。そのために必要なことは「仕事と時間管理を両立させなければならない」ということです。

したがって、時間に対する意識をしっかり持ってください。毎日の退行時間は月初に決めてそれを守ってください。ただし、我々の時間を優先してお客様に迷惑をかけるようなことは決して許されません。突発的な事象があった場合やお客様との約束に間に合わないようなときは、言ってもらったら延長します。

そして、時間を有効に使うために、各個人の業務知識やスキルを常に向上させてください。特に若手行員は、毎日少しずつでも自宅で業務知識の習得や基礎技能の向上に努力してください。今は行員を大量採用しているので、君たちが支店長代理になる頃は、選ばれた人しか昇格できなくなっているはずです。

仕事の効率化を徹底的に図り、無駄をなくしてください。限られた人員と時間の中で仕事をしていくには、自分の仕事のネックとなっているものは何かを考え、無駄で儲からない仕事を減らしていく必要があります。

私も考えますので、皆さんも自分の持ち場でどうすればよいか考え、どんどん提言してください。少なくともその意識や姿勢があるだけで、仕事の効率は良くなっていくはずです。

3　支店を地域経済発展に最も役立つ、地元に愛される銀行にするにはどうしたらよいか？

(1)その前に、ちょっと考えてみてください。お金や通帳ってなぜ大切なの？

数年前に「さんまのからくりテレビ」という番組がありました。その中に「ビデオレター」という名物コーナーがあり、私がそれを何気なく自宅で観ていたときのことをお話しします。

その回は、寂れた漁村に住む父母が、都会で一人暮らしをして働いている娘に対し、ビデオを通じてメッセージを送るという内容でした。

お世辞にも綺麗とは言えない格好ですが、とても人のよさそうなお父さんお母さんが映り、「〇〇ちゃん、元気でやってる？」とお母さんが話しかけ始めました。

「〇〇ちゃん、いつも仕送りありがとうね」とお母さんはポケットから一冊の通帳を取り出しました。「でもね、〇〇ちゃん、これもったいなくて使えないの。ちゃんと〇〇ちゃんの結婚資金として貯めてあるから、心配しないでね」

私はそのとき銀行に入って10年以上経過していましたが、恥ずかしながら初めて、お金がなぜ大切なのか、理解できた気がしました。

なぜ大切なのか？　もちろん、お金はそのもの自体に価値があります。でも、それ以上に、お金には「人の思い、意思」が入っているから大切なのです。都会で働き、少ない給料の中から、毎月親にせっせと仕送りをする娘さん。そしてそれが振り込まれた通帳のつけ込みをして、娘の無事と頑張って働いていることを確認してほっとするけれど、そのお金はもったいなくて引き出せないご両親……。

もちろん、すべてのお金や通帳がそういうものではないでしょう。けれどそういった通帳が一冊でもあるのなら、我々はすべてを大切に扱わなければなりません。人の思いや意思は何よりも尊いものだと私は思っています。

融資についても同じです。住宅ローンを借りる人は、これからの家族との幸せな生活を夢見て、大きな決意を持ってハンコを押すのです。会社の社長は、人生を賭けて借入をしているのです。

だから我々にとって必要なことは、まず我々はそんな大切なもの、かけがえのないものを取り扱っているということを十分に認識することです。そして数ある銀行の中で、当行と取引をして良かったと思われるような対応をすることだと思います。

(2)本気でCS、ESに注力する。

私には夢があります。１００年後、私のひ孫がその奥さんとこの支店の前を通ったとき、「この銀行の支店は、僕のひいおじいちゃんが初めて支店長になった支店なんだって。当時は行員が10名少しの小さな支店だったらしいけど、ずいぶんと大きな支店になってるね」と言ってもらうことです。

１００年後もおそらく当行はなくなっていないと思います。しかし、支店が統廃合されてなくなってしまうことは十分考えられます。初めて支店長にならせてもらったこの支店は、１００年後も同じ支店であってほしいと私は考えています。

そのためには、取引いただいているお客様に愛され、必要とされなければなりません。お客様から「この支店をなくしてもらっては困る」という声が多く上がれば、地方銀行は、そんなお客様に愛されている支店をなくすことはできません。

だからこそ、お客様に愛されるよう、顧客満足度を上げることが必要なのです。

それには、まずは次のことを心掛けてください。

①掃除、店内美化は徹底的に

私が言われて最も屈辱的な言葉が「支店が汚い」という言葉です。掃除くらいはバカでもできるからです。

お客様から見て「この店は綺麗にしている」と思ってもらえるようにしましょう。お客様に渡すものが汚れないようにしましょう。お客様に渡すものに違うものが紛れないように整理整頓しましょう。

②お客様の立場、相手の立場になって物事を考えられる行員になってください

CS・ESの基本は、要はここです。お客様が何を望んでいらっしゃるか、それに対してプラスアルファのサービスができないかを常に考えて仕事をしてください。

ただ漠然とそう言っても行動に移すのは難しいでしょうから、具体的な施策は今後言っていきます。

③挨拶、礼儀作法はしっかりと

美しい姿勢で仕事をしましょう。長い目で見れば、そのほうが疲れません。

大きな声できちんと挨拶できるようになりましょう。そのほうがかっこいいです。

過度になる必要はありませんが、上席や先輩には礼を尽くしましょう。

④お客様の待ち時間を短縮します

CSで一番お客様のニーズが高いのは、「待ち時間の短縮」です。なかなか難しいとは思いますが、当行で最短の支店にしていきましょう。

(3)地域経済発展のためには、銀行とはどうあるべきか？

私は先ほど申し上げた夢の実現のために、「どうすればこの支店が未来永劫発展していけるのか？　支店としてどういう姿が最適なのか？」という長期的なビジョンを常に念頭に置いて仕事をしていきます。目先の目標を追いかけることも必要ですが、その長期的なビジョンにそぐわないことはしません。

融資については基本的にお客様に喜んでもらえる金を売りましょう。そのためにはお客様との日頃の接触を多く持って、ニーズを常に発掘することが必要です。

事業先についてはビジネスマッチングを常に意識しましょう。銀行は他の業種と違って「会社の決算を見られる」という優位性を持っています。お客様は「どんな商売をしているのか？　今、どんな困ったことがあるのか？どんな仕入先、販売先、外注先を望んでおられるのか？」等々を意識して、ご紹介できる先がないか探してみましょう。お客様の商売が増えて喜んでもらえて、我々の貸出金が増えればこんなによいことはありません。

預かり資産については、お客様のニーズに合わない販売はしません。ただし、「損をさせてしまうかも？」と尻込みしているだけではいけません。お客様の資産状況や属性等々を見て、お客様からよく話を聞き、ニーズに合うような商品は積極的に説明・提案していきましょう。そのうえでお客様に判断してもらって、ダメなら仕方ないだけのことです。

4　最後に心掛けておいてほしいことを述べます

(1)決めたことは決めたとおりにする。
とても単純なことですが、とても難しいことです。そのためには強い意思が必要です。

私は「なんとなくフェードアウトしている」ということが嫌いです。決めたことをやめるときは「やめる」と言いますので、それまでは指示どおりに行動してください。

(2)仕事の間合いに入る。
仕事が思いどおりにいかない原因の多くは、「一歩先のことを考えられていない」ことにあると思います。常に先を考えていれば、想定外のことが起きても対応することができます。それを私は「仕事の間合いに入る」と呼んでいます。

(3)時間・期限・約束を守る。
これは社会人の基本です。特に銀行員には一般の社会人よりも高いレベルが求められます。なぜなら、我々がこれを守らなかったら、お客様が死ぬこともあるからです。

(4)営業も事務も、常識・規程を決して逸脱しない。
盤石に支店を運営していくための基本です。

(5)他人のミスはお互いにカバーしあう。
私たちは、縁あって同じ職場で働くことになった仲間です。お互い思いやり、助け合い、仕事をしていきましょう。

(6)最後に……。
自分では頑張ったけれど、どうしてもできなかったとき、辛くなったときは、どうか早めに私か上席に相談してください。なんとかします。

これを聞いて、いたく感動してくれた行員もいたようだ。

column

初めての本部監査

赴任して3か月経った頃、本部監査が入った。初任店の支店長は初監査で叩かれると聞いていたが、本業部分にかかるところではさほど不備はなかった。ただ、「ロビーの椅子が汚い」という指摘を受けた。

最初の全店会議で言ったとおり、私は「店が汚い」と言われるのが一番の屈辱である。「これはもともと椅子が古い。汚いというが、それは買い替えてくれないからじゃないか」と内心では思いつつ、業後ロビーに出て、私は一人で椅子をじっと見つめた。

他の行員は営業室で仕事をしていた。おそらく「支店長はこのあとどう怒るのだろう」とビクビクしていたのかもしれない。

確かに汚い——私は思った。「一度自分でできる限り綺麗に拭いてみよう。自分の支店じゃないか！　自分の椅子じゃないか！」

私は雑巾と家具用洗剤を持ってきて、ひたすら椅子を拭き始めた。

「支店長が一人で拭き掃除をしている」とみんな慌てたみたいだった。誰も何も言葉を発しなかったが、全員が出てきて雑巾がけを始めてくれた。みんな必死な面持ちでやっていた。

そして、椅子は思ったより綺麗になった。「やはり、ここまで自分の目が行き届いていなかったのか」と、監査部の指摘が正しかったことに素直に反省した。

そして今思えば、あのとき雑巾がけをしてくれたみんなに「ごめんな、ありがとう」と言えなかったことを後悔している。その一言が言えれば、もっとかっこいい支店長だっただろう。

第2章

人事に対するスタンス

1 店内人事(配置転換)について

――本人がやりたいと言ってきた業務はできるだけやらせる

人事は、支店のなかで支店長にしかできないことである。そして支店は、「人」によって大きく変わる。たった1名の異動や店内の配置転換で、劇的に業績や雰囲気が良くなることもあるし、またその逆もある。

それゆえ、**人事部との交渉も支店長の大切な仕事**である。金融機関によってやり方や考え方は違うだろうが、言うべきことははっきりと理論的に言わなければならない。

人事異動というのは、支店に長らくいて貢献している優秀な行員を転出させて、いわゆる「出来の良くない行員」を転入させるというケースも多い。**なんでもかんでも人事部の言うことを聞いていたら、結果責任を負わなければならないのは自分である。**これは肝に銘じておいたほうがよい。

新任支店長のときは、なかなかこちらの意見を聞いてもらえないが、実績と経験を積めば、それなりの対応をしてくれるものだ。

本人の希望をきくか、それとも体制を維持するか

まずは、支店間の異動ではなく、店内人事、いわゆる配置転換について述べたい。

最初の会議で自分の方針を部下に伝えてから数日経ったある日、2年目の内部事務担当のEという女性行員が私にこう言ってきた。

「支店長さん、私、ADがやりたいです！」

しっかりとした決意を持った目であった。

ADというのは個人金融アドバイザーの通称で（Adviser の Ad から来ていると思われる）、お客様の資産運用や資産形成についてのコンサルティングや提案を行うのが役割である。

当時、その支店は専任のADがいないことが課題であり、窓口担当の主任がハイカウンターテラー兼、資金管理兼、ADを担当していた。窓口業務で通常の入

出金や納税、振込をさばきつつ、お客様に時間をかけて説明しなければならない投資信託などの商品を売ることなど簡単にできるわけもなく、現実には、預かり資産営業は渉外担当の男性が行っていた状況であった。

もし、Eの希望どおり配置転換を行い、内部事務からEが抜けることになれば、繁忙日や繁忙な時間は、後方事務がとうてい回らないことは明らかだった。ただその一方で、この支店の課題である「預かり資産の増量」や地元富裕層との取引深耕には専任のADは必須であった。それになにより、**私の話を受けて、「この仕事をしたい」と2年目行員が勇気を出して言ってきてくれた気持ちを大切にしたかった。**

そのとき私は内部事務の行員たちに、10分はざらだった客待ち時間（受付機を引かれてからお呼び出しするまでの時間）を、最低でも5分以内にするようにという具体的な指示を出していた。

営業店事務人員を削減したり、予約制の導入などにより金融機関が儲からないお客様を排除するという風潮もある今の時代にそれはそぐわない施策かもしれないが、銀行の窓口業務におけるCSの基本はやはりここだと思う。お客様が待たなければ、トラブルにはなりにくい。人は不機嫌にならなければ、こちらが特別なサービスをしなくとも評判は悪くならないのである。

そしてその方針どおり、客待ち時間は目に見えて改善してきていた。窓口は二つしかなく、当然さばける量も限られているので、テラーには本当にプレッシャーだったかもしれない。けれど、窓口が混雑してくると後方から行員が出てきて次のお客様をとりあえず受け付けてくれた。パートさんも本当によくやってくれた。そんなときに、せっかく良くなってきた体制を崩していいのか？

私は悩みに悩んだ結果、内部事務の行員たちに、当店が今、預かり資産営業に力を入れなければならない理由を説明し、「多少客待ち時間は長くなっても構わないので、悪いがEさんを内部事務から外し、専任ADとして渉外担当にする」と告げた。


本人がやりたいと言ってきた業務をやらせるのは、本人のモチベーションが上がるという理由があるのはもちろんだが、同時に、自分からやりたいと言ってきたのだから「言い訳ができない」ということがあるからだ。

結果的に客待ち時間が長くなったり、お客様からクレームが来るようなことはなかった。行員全員がその趣旨を理解し、渉外担当も融資担当も、窓口の混雑を常に意識し、混んでくればすぐに対応してくれたからである。

ある日、業務時間中に電話が鳴っているのに誰も出なかったことがあって、ふと顔を上げると、店内にいた行員は全員が窓口の対応をしてくれていたことがあった。とても頼もしい光景だった。私はうれしい気持ちで、あわてて電話をとった。

支店の大躍進の始まり

結果的に、この決断が支店の大躍進の始まりであった。この支店は私が在任した4期・2年の間、業績表彰で優秀店、優秀店、最優秀店、最優秀店と非の打ちどころがない結果を残し、全店ナンバー1の支店となった。

Eは決して人当たりの軽いタイプではなく、最初はセールスの電話ひとつするにしてもおどおどしていた。ただ根性は人一倍あったのと、根っからの努力家でとてもよく勉強していた。

私は若いころ資金証券営業部にいて、その時代に証券アナリストも取得していたので、普通の行員よりも相場や預かり資産の商品の仕組みのことなどもわかっていた。最初は私が預金残高の多い先や事業先の社長のところへEを連れていき、一緒に預かり資産のセールスを行い、実績を作ってやった。

しかし、一巡しただけで、Eはその後、お客様から信頼を得て「○○ちゃん」と下の名前で呼ばれて可愛がられるようになり、私が何もしなくてもどんどん成果を上げてくるようになった。

もちろん、タイミングが上げ相場だったこともあるが、今まで渉外担当の男性がセールスしても、まったく投資商品に関心を示さなかったお客様から、Eはどんどん契約を取ってきた。

時には農家のお客様から野菜をもらってきて、「支店長さん、○○様から大根いただきました」とうれしそうに話していた。「立派な大根やね。君とパートさん二人で分けて持って帰りなさい。お客様には私からも礼を言っとくから」と私は言った。農家のお客様からご自分の作った農作物をもらえるのは「信頼の証」

だと私は思っている。

結局Eは、私が転勤するのと同時に転勤したが（本来、支店の戦力としては必要なので自分と同時に転勤させるつもりはなかったが、ADの実績が買われて人事部に転勤するということであったので、了解した）、その間4期2年間、ほぼ一人で預かり資産の収益目標をやってくれた。

この部門で収益目標が達成できたのは本当に大きかった。あと渉外担当は、ほぼ貸出金ボリュームと法人ぐるみ収益（私募債、長期為替予約、M&A、ビジネスマッチング等による収益）のみをやればいいということになるからである。そしてそれらがすべて好調にできたことで、表彰につながったのである。

2 部下の異動・昇格に対する考え方
――仕事を正当に評価し、ふさわしいポジションに昇格させる

支店長として最初の店に着任してから2か月経った頃だった。9月1日付人事異動の相談が人事部から来た。唯一チャーターメンバーで残っており、明るいキャラクターで女性行員の精神的支柱となっているB主任行員を交替させてほしいとの話であった。

私は「もう少し自分がこの支店に慣れて、みんなを把握できるまで待ってくれないか？」と頼んだが、すでに在店が7年を超えていたこともあり、人事部は認めなかった。支店長になって初めて自店の行員を転出させることとなった。

まだなりたての支店長であったため、行く先の指示など人事部にできるはずもなく、「どうかいい支店に行きますように」と、まるで娘を嫁に出す親の気持ちのようであったことを覚えている。

結局、彼女は本店営業部へ転出していった。業務量が多く、分業制でひたすら同じ業務を行うことになる本店営業部では、何でもしなければならなかったこの支店とはかなり違った仕事となる。だが、本店営業部に勤務できることなどなかなかない。決して悪くない転勤だと思った。

そして私が幸運だったのは、B主任の代わりに転入してきたM主任という女性が、B主任に負けず素晴らしかったことだった。この行員なくしても、支店の大躍進はなかったと思っている。

彼女は私よりかなり年上で、当時50歳を超えていた。言い方は非常に失礼だし、私の偏見でしかなかったのだが、当時の私は50歳を超えた女性主任に対し、正直なところ、いいイメージを持っていなかった。「ベテランではあるが、仕事の守備範囲が狭く、使いにくい」とか「協調性に欠ける」といったように勝手に思っていた。

ところがM主任は、まず50歳を超えているとは思えないほど若々しかった。決して頭は凝り固まっておらず、新しい業務を覚えようという意欲も旺盛で、業務知識も幅広い。何より性格が穏やかで、女性行員からは母親のように慕われた。

彼女は私の方針をよく理解してくれていたと思う。私は時に女性にも厳しく指導することがあったが、他の女性行員が私を陰で批判しても、彼女が「そんなことないのよ。あの支店長さんの言っておられることは正しいよ」と諭してくれていたようだ。

支店長やリーダーにいわゆる「右腕」となる存在がいれば、組織は活性化し、円滑に業務が遂行される。そしてその右腕になる存在というのは、支店長のタイプによって異なってくると思う。例えば私自身は、先頭に立って皆を引っ張っていくことには自信があったが、反発したり、どうしてもやる気を見せない行員に対して「調整」することは不得手だった。そこの足りない部分を埋めてくれるM主任のような人材が来てくれたのは、本当についていたと思う。

逆に「調整型」の支店長には、どんどん前向きに推進していくような営業の支店長代理が右腕として存在すればいいと思う。

ずっと後の話になるが、「M主任はどうして係長になってないのだろう」と不思議に思い、人事部に昇格申請も出したが、なかなか色よい返事が返ってこなかった。

私は人事部に直接乗り込み「彼女は本当に一生懸命働いてくれている」「決して私情で言っているのではなく、仕事の正当な評価として彼女は係長にすべきである」と伝えた。

結局彼女は、その支店から転出していくときに係長に昇格できた。もう年齢が50歳を過ぎていたのでラストチャンスであった。係長に昇格して退職するのとそうでないのは大きな違いである。後の処遇も給料もかなり変わってくる。本当にうれしいことであった。

人事に関する支店長の大きな仕事として、**「その職階にふさわしいと思う部下は、そのポジションに昇格させる」**ということがあると思う。それが本人のためであり、また銀行のためでもある。

逆に、温情や好き嫌いで昇格させるのは間違っている。それは本人のためにもならず、銀行にも迷惑をかけてしまう。昇格させるときは「何かこの行員に問題があったら私が責任を取ります」くらいの気概で臨まなければならない。

頑張った行員は店格の高い支店にしか転勤させない

私には人事異動に対する一貫した考え方として、次のようなことがある。「**頑張って成果を上げた、あるいは支店に貢献してくれた行員は、昇格するか、あるいはそうでなかったら今の支店より店格が高い支店にしか転勤させない**」ということである。実際それで、何度か部下の転勤を断ったこともある。

それはそうであろう。支店長が「評価している」と言っていた行員が今よりも店格の低い支店に転勤になれば、本人も当然モチベーションが下がるし、他の行員も支店長の言葉を信じなくなるだろう。支店長になった当初は無理だが、実績をあげて支店長としての経験を積んでくれば、理不尽でない筋の通った要求は人事部も聞いてくれるようになるものだ。

正直なところ、自分の実力も多少はあったにせよ、この支店のときの私は部下に恵まれていたと思う。支店経営は自分一人ではとうていできない。「みんながついてきてくれたのも実力」と言ってくれる人もいるだろう。けれど、それもやはり違う。出来の良し悪しは多少あっても、みんな素直で、よく頑張ってくれた。
それがすべてだと思う。

３ 支店規模による部下指導の考え方
――「任せる」ことは大事だが「丸投げ」はしていけない

2か店目が行員数20名強の中規模店、そして3か店目が行員数30名強の大規模店と、人が増えてくるに従って、人事管理は難しくなった。部下が増えるほど当然支店全体のパワーは増えるが、いろいろな性格の行員がいるのでリスクも増える。

小規模店だった最初の支店では、人事にかかわらず営業にしろ何にしろ、基本的にはすべて自分が中心となり動いていた。しかし、**支店の規模が大きくなるにつれ、中間の管理職や先輩も増えるので、そこに「任せる」業務も増やしていかなければならない。**

そしてその「任せる」という行為であるが、これが実は難しい。**「任せる」というのは、「丸投げ」とは違うが、たいていの人はそうなってしまっている。**

「部下を信頼して任せた」と言っている人に限って、問題が発生したり解決できなかったりしたとき、「それは部下に任せてありますから」と部下のせいにする。**「任せる」というからには、その物事に対して責任まで取るのは当然で、任せたことで問題が発生しないように心を砕く必要がある。**具体的には、問題が発生しないようにするために、任せたことに対して、「どのように対応、指導したのか」「その結果どうだったのか」を確認し、その後の進捗を逐次報告させるようにしなければならない。それが本当の「任せる」という行為である。

自分が任せたことに対して「私は知りません」では、結果的に困るのは部下なのである。

支店規模が大きくなるほど「任せる」ことが重要に

特に人事についてはそうなのだが、**支店規模が大きくなると、一般行員に「怒る」「注意・指導する」といったことは自分でやらずに、極力直属の上司である支店長代理等にやるように指示すべきである。**その理由は、まず、前述のとおり人数が増えればどうしても性格や勤務態度等に問題のある行員も増えてくる。もちろん内容によっては、支店長が直接注意指導しなければならないケースもある。しかし、その際も注意する状況や言葉には十分注意しないといけない。私の経験でも、逆恨みされ、言葉尻を捉えられ、捨て身覚悟で反撃されたことがあった。

その対象が支店長代理ならいいのかと言われるかもしれないが、そうではない。支店長を相手にしなければならないとなると、その行員も自分も後がない。特に今はパワハラ等に関して世間は過敏すぎる状況になっており、ＳＮＳ等を通じていろいろな形で社会に一方的に発信できる。

私自身の反省を言うと、部下を注意指導する際、ねちねちと長い時間をかけるのはお互いストレスなので、「なるべく短い言葉で身に染みるように」という注意の仕方をしていたのだが、それで言葉が過ぎたことがあったと思う。

支店規模が大きくなったら注意指導は支店長代理等に任せるべきだという二つ目の理由は、店格が上がるにつれて、支店長に対する銀行全体や行員の見方も知らず知らずのうちに上がっているということだ。大規模店の支店長ともなると、「大物支店長」と世間は見る。その人物から一般行員が直接注意指導を受けると、こちらが思っている以上にダメージが大きい。いつまでも自分が思っているような若造支店長ではないということを理解しなくてはならない。

そして三つ目は「役席の教育」である。役席には今後支店長になってもらわなければならない。支店長は行員のどういうところを見ていて、どういうところを注意するのか？　**支店長から指摘されるのではなく、それに役席が自分で気付き、部下を指導できるようになってもらわなくてはならない。**そのためには、部下の注意指導を「任せる」ことが必要になるのだ。

④ 新入行員とどうかかわるか
——長く銀行で働いていける人材に育てる

新入行員というのは、期待と不安を抱き、支店に配属されてくる。彼らにとっては支店長というのは雲の上の存在である。支店長はそんな彼らにまず何を伝えるべきなのであろうか？

新任支店長として赴任してから迎えた最初の4月、平成19年4月に新入行員が男性1名、女性2名配属されてきた。とても元気な子たちで、この子らが後の支店の明るい雰囲気を作ってくれたと言っても過言ではなかった。

特にOという女性行員は素晴らしかった。この行員の「いらっしゃいませ」はお客様を呼び込める「いらっしゃいませ」だった。声の響きや大きさ、言葉の雰囲気が今まで聞いた誰のとも違っていた。

少し型破りだったが、前向きな姿勢は大きなポテンシャルを持っており、身体から発するオーラのようなものが違っていた。もし私が次の支店に誰か一人を連れて行っていいと言われたら、間違いなく彼女を選んでいたと思う。

配属初日の新入行員に書面で伝えた8項目

私はこのときの新入行員以来、新入行員が配属されてきた初日に8つの項目を書いた書面を渡し、「**1年間は、仕事がすごくできるなんてことは期待していないから、この8つのことだけを常に意識して仕事をしてください。そうすれば、たぶん長く銀行で働いていけると思います**」と話してきた。その書面とは次のとおりである。

新入行員諸君へ

1. とにかく元気に明るく、大きな声で！　失敗しても怒られても、元気に明るく！

2. 礼儀作法はきっちり身につけること。そして美しい姿勢で仕事をするように心掛けること。
3. 銀行員になれたことは一つの財産。しかし、銀行員に対する世間の目は厳しい。常に節度を持って謙虚な態度でいること。
4. 意見具申大いに結構。しかし、上司や先輩の言うことはとりあえず素直に聞くこと。
5. 基礎技能は銀行員の基礎体力。最後は体力あるものが勝つ。
6. 毎日少しずつでも勉強し、それを習慣にすること。それが数年後、大きな差となってあらわれる。
7. 支店は一つの組織。規律や決められたルールはちゃんと守ること。支店は一つの仲間。自分から積極的に打ち解け、かわいがられるようになること。
8. 親を大切にすること。仕事をしてみて初めてその辛さがわかる。親はその境遇の中で自分を守り育ててくれたということに感謝すること。

私が人材育成で一番心掛けていたことは、「**この行員に、定年まで勤めあげる**

ことができ、できるだけ昇格し、高い給料がもらえるような、銀行に付加価値をつけられる人材になってもらうこと」であった。

そのためにはまず個の力を自ら磨けるような人材にしないといけないし、また、それだけではダメで、組織の一員として常に全体のことを考えられる人材にしないといけない。

力及ばず私の気持ちが伝わらなかったのか、途中で退職した行員も何人かいたことは残念であったが、現在活躍している私のイズムを継承している行員は、やはり常に何らかの表彰を取っているメンバーになっている。

5 部下の昇格と業務検定

――部下をやる気にさせる本気対応

銀行員はたくさんのことを勉強しなければならない。法務・財務・税務等に加えて預かり資産の商品や、マーケットの知識など、最近はますます勉強しなければならない範囲が増えてきている。正直なところ「大変だな」と思う反面、私個人の実感として、**勉強したことはそのほぼすべてが仕事に役立った**と思う。

私は入行してから10年間ぐらいまでは、忙しくて帰りが遅くなってもほぼ毎日、何らかの勉強を帰宅後していた。そんなに長時間ではなくともほぼ毎日していた。その細かな積み重ねが何年も経つと大きな差となってあらわれてくると思う。

10年目ぐらい以降、それができなくなったのは、支店長代理になり毎日22時ごろまで仕事をして、さらに自宅に持ち帰り仕事をして2時ぐらいに寝るという生活になったからである。「働き方改革」が求められる現代ではもはや認められない働き方だが、当時はそれが普通だった。本当に勉強する時間などないくらいの極限まで仕事をしていた。今は昔に比べ労働環境が改善されてきていることから、若い行員は勉強しようと思えば時間は十分あるだろう。

業務検定を悲惨な点数で落ちた部下に…

地方銀行や信用金庫の職員を対象に「銀行業務検定試験」というものがある。当行はこの銀行業務検定試験については、合格すれば受験料の補助を出している。ある時、係長昇格年次の部下が「昇格申請」を出してきた。仕事自体は熱心にしている行員だったので、私は支店長として推薦状を書いた。それからしばらくして銀行業務検定試験財務2級の当人の成績が返ってきたのだが、合格点にはるか及ばない悲惨な点数であった。私はこれではいけないと思い、本人にこう伝えた。

「○○君、この銀行業務検定試験は、合格者には銀行が受験料の補助を出しているよね。それは銀行が、この程度の知識は仕事をするうえで必ず身につけておいてほしい、という理由からなんだと思うんだ」

「特に、君が今している仕事に財務の知識は必要だよね。それをこんな点数で落ちるなんて、わかっていない状況でごまかしながら仕事をしているということだと思うよ」

「このまま係長になって、それで本当に今後やっていけると思う？　係長が実は財務をよく知らないなんてことじゃやっていけないよ」

「そして銀行が最低限これぐらいの知識はつけてくれと言っている勉強をしないというなら、係長に昇格したいなんておこがましいことを言うべきではないと思う。何も1番になれと言っているのではなく、せめて合格しろと言うことだよ」

それから「問題集をやって、その答えを書いたノートを毎日提出しなさい。その日の体調とか用事によって少しでもいい。とにかく毎日する癖をつけなさい」と言った。

とりあえずその行員は毎日ノートを提出してきた。そして次のテストの1か月前くらいになったとき、ちょっと予定を入れずに時間を空けておくようにと日時を指定し、その時間に過去問題を抜き打ちで模擬テストした。私は自ら採点し、どの項目ができているか、どの項目を理解していないかを見た。そのうえで、「財務分析の比率を求めたり、簡易なB／S、P／Lに関する問題はできるが、資金運用表やキャッシュフロー計算書については理解していないようだね。ここを集中的に勉強して、わからなければ聞きにきなさい」と言って答案を返した。

部下も、支店長がここまで本気で対応すると、さすがにやらないわけにはいかない。

人は弱いものである。どうしても楽なほうに楽なほうにと流される。そこを、**やる道筋を本気で作ってやる**のも支店長の仕事のひとつである。その行員は晴れて次のテストでは合格した。

人にもよるだろうが、言いっぱなし、指示しっぱなしではなく、ここまでやると感謝されるものである。

⑥ 支店長が行うべき人事管理
――部下に寄り添うのでなく、一人一人をよく見る

人事管理面における理想の支店長とはどういう人物であろうか。

よく物の本に書いてあることで、「部下の誰もが自由闊達に何でも言える風通しが良い支店経営ができる支店長」「部下一人一人に寄り添い、その思いや悩みなどを共有できる支店長」というのがある。

確かにそうだろうが、実際に地銀の支店長をやった人ならば、こうした記述には「実務上の違和感」を覚えるのではないだろうか。

今は、例えば、若い部下を飲み会に誘えば、「この時間まで残業をつけていいいですか？」と聞いてくる時代である。直接言葉に出して言う勇気がないかもしれないとＬＩＮＥを教えたら、何か送ることを強要されていると言われる時代である。そんな中での「自由闊達に何でも言える」とか「部下一人一人に寄り添う」

といったことの意味は簡単ではない。

さらに言えば、そもそも支店という組織のガバナンスとして、支店長代理や係長、主任等がいて、それぞれの役割があるはずである。**何でもかんでも「支店長自らが…」というのは、聞こえはいいが間違っている。**私が新入行員だった時、支店長と直接話をした記憶は2回ぐらいしかない。しかし、それでも人事上の問題が今と比べて起こっていたわけではない。

部下の違和感に誰よりも早く気付く

理想像はともかくとして、**有能な支店長というのは、「支店長にしかできない仕事」ができる支店長**だと考える。それは人事管理面で言うと、一人一人に寄り添うことではない。それにはその役目の役職がいる。現実的な問題として、30名規模の大規模店舗となると全員に常に寄り添うことは無理だし、エリア長など600名規模のマネジメントをしていたときはなおさらであった。

では、支店長がすべきこととは何か。それは「**一人一人をよく見ること**」である。これは、一番時間に余裕のある支店長にしかできない仕事である。

確かに赴任時や定期の面談で一人一人からじっくり話を聞いてあげることは必要である。しかし、違和感は目を合わせて話したときではなく、毎日仕事をしているときの表情や態度などの日常に現れる。**支店長にとって必要なことのひとつは、「誰よりも早く気付く」ことである。そして違和感を覚えたら、そのときは状況によって、直接声をかけるなり担当上司に聞いてみるなりする必要がある。**「最近、為替システムが変更になったけど、慣れた？」とか、疲れていそうなら「体調は大丈夫？」とか聞いてみよう。そのとき行員が何か悩みを抱えていたとしても、「いや、実は支店長…」などと言ってくることはなかなかない。しかしながら、「支店長は私のことを見てくれている」と思わすだけでよいのである。そういう印象を与えれば、本当に必要なときは言ってくるものである。

そして人事管理上、**不祥事故を防ぐために支店長にとって重要なことは、「この人は騙せない」と思わすことである。**もちろん、それだけですべての不祥事故が防げるわけではないし、すでに発生させている行員は八方ふさがりになることもあろうが、少なくともそういう場合、早期に発見することができる。

私の場合も、それによって、ひょっとしたら不祥事になっていたかもしれない事案が早期に発覚し、未然に防げたことがあった。

7 セクハラ・パワハラについて
――決して感情的にならず、冷静に言葉を選んで

セクハラやパワハラに対する社会の目は、近年ますます厳しくなっている。金融機関に限らず、どこの企業も、研修等でかなり神経質になって対応していると思う。

支店長は当然に支店で一番権限を持っている人物であるがゆえ、セクハラやパワハラを受けたと部下から言われないように、言動にはくれぐれも注意を払わなければならない。

力を持っている分、言われた瞬間にその立場は逆転する。このハラスメントというものに対しては、社会は弱者の味方である。

もちろん、本当にそれに該当する行為をしてしまったのなら論外であるが、「自分はその行員を育てたい一心で言った」等の「そんなつもりは全くないのに」と

いう場合が大半であると思う。しかし、そんなときでも、ピンポイントでとらえられたその言動が一般常識的にセクハラやパワハラに該当する場合はアウトである。

だからこそ、**怒ったり指導をするときは、決して感情的にならず、冷静に言葉を選んで言わなくてはならない。**

しかし、いくら注意をしていても、言われてしまうことは時としてある。部下からパワハラを受けたと言われ、あわせて「支店長は時間中にゴルフショップに行っている」等々、あることないことを言われ、大変落ち込んでいた同僚の支店長がいた。私はその支店長に電話をしてこう言った。

「ほんま大変やなあ、いろいろ言われて。けど、君はその行員に対して良くなってほしいという一心でそう言ったんやろ。虐めてやろうとか、そんなことはこれっぽっちも思ってないんやろ。だったら、そのうえで思いが伝わらなかったことは仕方ないやん。あとは上の人が考えることやけど、僕は君を応援するし、できることあったら言ってな」

そう。もちろん細心の注意は払わなくてはならない。けれど、心ならずも起こってしまったことに対しては、なるようにしかならない。私はそう考えているし、そういうリスクを考慮しても、やはり部下は育てたいと考えていた。

ちなみにその支店長は、その件に関しては特段のペナルティを受けることなく過ごせたようであった。

「自身の基準が甘い」行員は要注意

支店長としては、自らがそうした指摘を受けないよう十分注意しなければならないのは当然だが、部下のセクハラ・パワハラ行為防止にも力を注がなければならない。

基本的に、そうした行為を犯しがちな行員というのは、「これくらいならいいであろう」という自身の基準が甘い特徴がある。

セクハラ・パワハラの防止に関しては、どこの銀行もおそらく口酸っぱく何度も行員に向けて注意喚起をしているはずだ。なのにそういうことで繰り返し注意を受ける行員は、自分ではセクハラやパワハラを行ってはいないと思っているからなのである。だから、いまはその兆候がなくても、**「自身の基準が甘い」と見受けられる行員は要注意**である。

パワハラについては、人の目につくところで行われることが多いため、実際に目にしたり、他の行員からヒアリングすることで、注意すべき行員はだいたいわかるであろう。その行員がパワハラをしないようにするには、まさに支店長の力技しかない。**支店長がなめられると、そういう行員は部下にパワハラを平気で行う。**

支店長はその行員のために「君は熱心に指導しているつもりなんだろうが、そのやり方ではパワハラと言われる。君自身が損をする。私は君も君の部下も守る責任がある。これは支店長の指示だ。よく考えて指導するようにしてくれ」と厳しく指導することが必要だ。

セクハラは、人目につかないところで行われることも多く、その意味では発見が遅れがちだ。何か嫌なことや困ったことがあったら、支店長に直接でなくてもいいので、**誰かには相談できるような風通しのよい職場をつくることはもちろんだが、人事部等に直接相談してもいいということを伝えておくといいだろう。**

8 部下のメンタルヘルスについて
——異変に気付いたら、人事部等に早めに相談を

昨今は「うつ病」や「適応障害」などの心の病になってしまう行員が多い。もちろんそのような行員が出ないような職場環境を作ることが重要であるが、そういう診断がなされれば、人事部ともよく相談し、医師の診断書に基づいた適切な対応をしなければならない。**他の病気と同じように「病気」として対応すべきである。**

難しいのはそういう診断が出される前の段階の行員である。「さぼっているのか、病気なのかわからない」ということがあるからだ。

月に1日程度、「熱がある」と休む行員がいた。上席との折り合いが良くなく、気にはなっていた行員であったが、ある日「39度台の熱があるので休ませてほしい」と連絡があった。そして翌日も翌々日も「39度の熱が下がらないので休ませ

てほしい」と連絡があった。

「嘘を言っているのだろうな」とは思いつつ、その行員は寮住まいだったので、もし本当だったら大変だと思い、体温計を持って支店から寮まで会いに行った。寮監さんに事情を話し、その行員の部屋まで案内してもらった。着いたのは午前10時頃だったと思う。彼は寝ていたらしく、支店長の突然の来訪に驚いた。私は「○○君、大丈夫か。ちょっと今熱を計ってくれるか」と体温計を渡した。検温後、「だいぶよくなりました」と彼が渡してきた体温計は36・2度を表示していた。

当時、私はまだ血気盛んであったので、普段なら怒るなり注意するなりしていたと思う。けれど私は、「良くなったのなら安心したよ。大丈夫なら明日は来てね」とだけ言って帰った。なぜか？　その行員はスーツ姿で寝ていたのである。少なくとも「行かなければ」という気持ちはあったのである。そのとき初めて「この子は本当に心の病かもしれない」と思った。

心の問題というのは、本当に微妙なものだ。こちらの物差しで判断してしまうと、大きな過ちを犯しかねない。ましてや、**自分が若かったときの価値観や考え方から「何を甘えている」といった態度で接することは禁物である。**

部下行員の様子に異変を感じることがあったら、人事部等に早めに相談することが肝要だろう。

column

行員の家族に年末の挨拶を

年末の12月31日には、行員の家に電話をした。行員にではなく、ご両親や奥様などにである。

私が「京都銀行の支店長の中西と申します」と名乗ると、例えばお母さんが電話にでられたのであれば、「あっ！ いつもお世話になっております！ 娘に今代わります。」と慌てふためかれたが、そこで「いえいえ娘さんには用はございません。〇〇さん、いつも娘さんには大変頑張ってもらっていてありがとうございます。帰りが遅くなる日もあって申し訳ございません。〇〇さんをはじめみんながよく頑張ってくれたおかげで無事に年を越すことができました。また来年もよろしくお願いします。何か気になることなどあれば、いつでも私に直接言ってください」と言った。

大みそかにこうした電話をかけるというのは、先輩支店長に教わったことである。今の時代にこうしたことが受け入れられるかは難しい部分もあろうが、ご両親や家族は自分の子供や伴侶がどういう仕事や生活を日々しているのか不安なものであると思う。そんなときに支店長の声を直に聞けたら、少しは安心されるのではないだろうか。

第3章　業績推進にどう取り組むか？

1 業績推進の基本的な考え方

――すべては「お客様によくなってもらう」ことを念頭に

(1)目標について

昨今、「目標」という言葉が「ノルマ」という言葉に書き換えられ、そして「ノルマ」をなくしたなどと言っている金融機関もある。おそらく諸般の事情によりそうした対応をとったのであろうが、それでどうやって収益をあげて企業を維持存続させていくのであろうかと不思議に思う。それで収益力が低下すれば、株主に対してどう説明するつもりなのだろうと思う。

しかしながら、本部から支店に来る目標には「こんなの到底できない。本部は何を考えているのか？」というものもある。そもそも支店に来る目標というのは、どのようにして作られるのであろうか。営業所管部に所属し、統轄エリア長を務めてきた経験から言うと、次のとおりである。

まず、「中期経営計画」などで銀行全体の3～5年の計画が作成され、単年度の業務計画数値はそこから逆算する形で作られる。そしてその収益額、ボリュームを達成するために必要な目標が、各支店にその規模等に応じて割り振られるのである。当行の場合は、全体の数字がまずエリアに割り振られ、そしてエリア長が各担当店に割り振っていた。他の銀行も大差はないだろう。

という状況から言うと、支店にとんでもない目標が来る原因は、あくまで一般論だが、次のいずれかだと考えられる。

①まずは、銀行全体の目標値が現実から乖離しているケースだ。経営はあくまでも理想を目指すが、それが実現不可能か、あるいはそれを実現できる施策が立てられていない。

②銀行全体の目標を達成するために、各営業店に割り振る目標が過大になっているケース。これは営業所管部の責任である。目標を達成できない支店ももちろんあるため、所管部署は、必要な数字よりもある程度水増しして目標を作る。その匙加減が難しい。

③エリア長の各支店に対する割り振りが間違っている。実態を把握していないか、

あるいは（これはあってはいけないことだが）エリア長が恣意的に支店長の好き嫌いで振り分けをしている。

仮に、そんな状況で支店に来た目標に対し、支店長はどう対応すればいいか。いったん決められた目標は、後から文句を言っても変わることはない。法外な目標でもなんとかできる施策はないかと懸命に考えるべきだ。前述したとおり、私の場合、支店に来た目標はすべて100％達成するという方針で常にいた。

例えば、5つの項目のうち1項目について500％達成したとしても、あとの目標をやらなければ銀行全体の目標は達成できない。**支店は、銀行全体の目標数字を達成するためにあるプロフィトセンターである。支店長は決してそれを忘れてはならない。**

ただ、京都市内の大型店で支店長をしていたとき、貸出金ボリュームで到底不可能と思われる目標が来たことがあった。

貸出金ボリュームというのは積み上げていくものであり、日々を追うごとに目標との乖離が現実的でないくらいに開いていくと、部下のモチベーションが下がってしまう。そのとき一度だけは、**本部目標ではなく、できる限り実現可能な自主目標を作り、それを目指してやったことがある。**時には、支店長にはそういうコントロールも必要である。

銀行の都合をゴリ押しするようでは存在意義はない

(2)お客様に対して

業績推進にあたり、「基本的な考え方」として必ず心掛けておかなければならないのは、**「お客様に喜んでもらう」「お客様に良くなってもらう」ということを念頭に置いておかなければならない**ということである。

銀行の都合ばかりをゴリ押しして頼み込んで業績を推進しても、それでは地域のためにならないし、地域金融機関としての存在意義もない。正直なところ、どうしても頼み込まなければならないことも実際はあろうが、そのためには、お客様に「おたくとは持ちつ持たれつだから」と思ってもらえるようなことを、普段からしておかなければならない。

今でこそ「本業支援」という言葉がはやっているが、10年以上前にそれを言っていた人はいなかったと思う。その考え方は、私が支店長をしている間、自分自身常に念頭に置いていたものである。

具体的な話をすると、例えば市内大規模店の支店長だったとき、既存先のお客様の会はあったが、それとは別に「この社長とこの社長を会わせたら面白いのではないか」と思ったときは、実際に自分が間に入り、3人で割り勘で飲みに行ったりしたものである。

例えば、こんなケースである。

①販促商品の開発販売等を手掛ける会社の社長(60歳くらい)…多方面にわたり幅広い人脈がある。ただ、業界的にもIT化を進めていくことが課題であった。

②家電量販店社長(35歳くらい)…老舗の家電量販店であったが、代替わりして社長になって間もなく大手と業務提携をし、メイン店をフランチャイズ化された。たいへんよく勉強されており、IT等の知識も豊富であるが、人脈を広げることが課題であるように感じた。

私は、この二人を引き合わせたら、お互いに不足している部分を補える効果が出るのではないかと考えた。二人に「お客様で紹介したい人がいる」と声をかけた。３人で割り勘で焼肉屋に行き、弾んだ会話ができたと思う。こういうことができるのは、銀行の支店長だけではないかと思う。

はじめて支店長になった店でも、その店の歴代支店長で初めて「お客様の会」なるものを行った。当行にはお客様の会組織として「京友会《きょうゆうかい》」というものがある。これは京都銀行とお取引いただいている有志のお客様の組織で、活動内容は「勉強会」「食事会」「ゴルフ会」などである。その店は開設間もなかったこともあり、京友会はなかったが、独自に会を開いた。

自分の支店の取引先である異業種のお客様が和気あいあいと話されている光景を見て、とてもうれしかったことを覚えている。

与信先の社長とは膝を突き合わせて話をしてみる

これらはほんの一例に過ぎないが、支店長は担当者とは違う、支店長にしかできないことをお客様にしなければならない。

与信先に対しては、一度よく内容を調べてから、じっくりと社長に時間を取っていただいて、膝を突き合わせて話をしてみることが大切である。

ここで大切なことは、「**できうる限り相手の内容をよく調べてから話す**」ということである。

調べている段階で、相手の課題はここではなかろうか？　などということもある程度わかってくるものだ。着任後早々の面談でも、相手のことをしっかり調べてから会えば「今度の支店長は、よくわかってくれているなあ」という印象を与えることができる。

支店長の行内外の印象は最初の2か月で決まると言っていいだろう。それ以降に、その印象を変えることはたやすいことではない。

何度も長い時間をかけて話をする必要はない。一度じっくり話をして、会社の現状、今後の展望、抱えている課題などを聞いてみよう。そうすれば「仕入先として、○○社を紹介できるのではないか」等々、いろいろと気付くものである。そして自店や他店の取引先を紹介する、税理士を紹介する、ソリューションを提案する。それが業績推進における、お客様に対する支店長の基本的な姿勢だと思う。

預かり資産先も同じだ。日々の営業は担当者に任せておけばよい。支店長はお客様と日常会話をする中で、いろいろなヒントをつかむのが仕事である。

例えば、相続対策が必要なのにどうもできていなさそうだとか、担当者が捉え切れていない情報も支店長なら聞き出せるかもしれない。あるいはお客様の話の内容から、担当者が販売している投資信託等の商品はお客様のニーズに合っていないのではと気付くかもしれない。

それは営業のためだけではない。**すべては自分の支店の地域のお客様のためなのである。**

2 貸出金のボリューム増を図る

――計画の立て方と具体的な推進策

(1) 達成のための計画

支店の業績推進で一番大きなウエイトを占めるのは貸出金の増量であろう。あくまで貸出金利益の増加が目的なので、当然貸出金利も重要なポイントとなるが、まずは貸出金のボリューム増について話をしていきたい。

支店長1か店目のときの例をあげて説明しよう。当時その支店には、貸出金について年率が10%というような高い期中平残目標が来ていた。例えば平成19年度上期の期中平残が130億円だったとすると、平成20年度上期の目標は144億円(年率10・7%)というような感じである。

期初の残高が140億円だったとすると、その目標を達成しようとすれば、約定返済分を加味して期中に約15億円の新規実行が必要となる計算であった。ここで考えなければならないのは、どうやって15億円の新規実行を行うかである。手持ちの案件ネタ等も考慮し、例えば住宅ローンで毎月5000万円（期中3億円）の実行を、事業性融資で毎月2億円（期中12億円）の実行をするというふうに決める。

そして期中平残を達成するための、各月の月中平残目標を設定する。本来なら期中にならして各月の目標を設定していくべきであろうが、そうすると期初月から目標未達になるというケースが生じてくる場合がある。**期初から未達となると行員の士気にも影響してくるので、期の後半月を積み上げて目標設定する**ことになる。正攻法ではないがやむを得ないことだと思う。

さて、これで、まず期中に何をどれだけ行うべきかが決まった。そして、例えば期中に15億円の新規実行が必要なら、それに若干のプラスαを加え、例えば18億円とし、それを各渉外担当者や融資担当者に振り分ける。

基本的には支店長代理と各担当者に相談して決めてもらうが、最終的には支店長が各担当者が持っているマーケットや年次等を考慮して決定する。

100%とはいかないだろうが、**担当者にはその目標について納得させる**ことが重要だ。例えば、「君の担当先にはこれだけのボリュームがある。まだシェアアップが図れると思うし、それに君の力量ならこの目標をやってくれると期待している」というようにして、**「やらされている」感をなるべく減らす**のである。

個社別の取引状況をまずは点検する

(2)既存事業先に対して

既存融資先については、まず、**個社別の取引状況を自分でしっかりと見る**ことが重要である。私の場合、初任店では赴任後自分でアウトプットしたが、2か店目以降は赴任が決まったらそこの支店に連絡して、「融資受付票」「貸出金個別明細」「取引先概要」「財務諸表」等々、必要な資料を一先ごとにアウトプットしてまとめておいてもらえるように頼んでおいた。営業時間中は営業活動やその他諸々の管理業務がある。したがって、それらをじっくり見るのは土日の休日出勤ということになる。

正直、支店長はたくさんの給料をもらっている。休日は休日で用事もあるが、土日のどちらかぐらいは仕事に充てられるはずである。しかも、それが延々続くわけでもない。赴任当初は休日出勤する週が続いても、支店長なら仕方ないと思うべきである。支店長はその分の給料を多めにもらっていると考えるべきである。

以前述べたように、地域を見て回ることも必要なので、午前中は地域を歩き、午後は書類を見るという具合に、赴任当初は土日のどちらかを過ごしたものだ。

さて、個社別でみるときには本来なら総給振、ＥＢ、代手持込、代取個人取引等の総合取引の観点も含めて見ることが望ましいが、なかなかそうしている時間もないので、**とりあえずは貸出金に絞ってまずは点検する**のがよい。貸出金を売るための着眼点は主に次のとおりである。

①折り返し資金が打てないか。前回貸金を出してから長期間出せていない先がないか？

本部の融資推進室長の役職についていたとき、不振店を臨店指導していたが、たいていの不振店はこれができていなかった。つまり、他行はお客様がそろそろ手元資金が枯渇してきたというときにタイムリーに提案しているのに、不振店はそれができていないのである。

また、そのときには資金需要がなくても、例えば長期借入が1本約定完済になろうというときは、お客様は「じゃあまた借りておこうか」ということになる場合が多い。逆にそのタイミングで貸出金の提案をしないと、「なんだ、うちのことはどうでもいいのか」という不信感を持たれる場合がある。

②シェアアップが図れないか？
中下位行取引の先で財務内容が悪くない先に対しては、シェアアップを図るような提案や他行肩代わりの提案ができないかを考えたい。

③年度資金を調達している（であろう）先に対しては、他行に先駆けて提案をできないか？

④利益が出ている先に対して、納税資金や賞与資金等の季節資金が売り込めないか？

⑤長短バランスの悪い先に対しては、例えば融当枠の設定による経常運転資金の取り込みができないか？

⑥支払手形を発行している先に対して、融当枠を設定しそれを利用することによっ

て、手形支払いから現金支払いにする提案ができないか？

⑦企業規模や代表取締役の年齢等にもよるが、社長個人からの会社への貸付を肩代わりできないか？

ただし、社長個人からの借入を実質自己資本とみなしているが、それが銀行借入にかわると債務超過になるようなケースはだめである。

⑧長期借入の口数がやたら多い先に対して、一本化することによって毎月の返済負担を軽減するような提案ができないか？

⑨マンションローン先で、他行でも借入がある先の肩代わり提案ができないか？

これらを一度自分自身でざっと見てみる。大型店のときは既存事業融資先が約400先あったが、たかが知れている。そしてその後、営業時間中に担当者と融資代理とですり合わせを行う。

こちらは紙ベースで資料を見ただけであるので、実際にお客様と接している担当者の認識と違っているケースももちろんある。各先ごとに推進ポイントやセールスするポイントで担当者らと意見が合致したら、それを貸出金ネタとして進捗状況を管理していく。

支店長の仕事として、この「ネタ」探しは重要なポイントとなる。「それは担当者の仕事」と認識している支店長もいるかもしれないが、それをきっちりできる優秀な担当者など、なかなかいない。そういう支店長に限って、「担当者の出来が悪いから、貸出金が伸びない」などと平気で言う。

私は部下に対して怒ったりしたことも多かったが、対外的に部下のことを悪く言ったことはなかった（つもりである）。**部下のことを対外的に悪く言う支店長は、「自分は無能です」と言っているようなもの**だと思っている。

新規開拓活動はルーティーンに組み込む

(3)事業融資先の新規開拓について

既存の取引先は業況悪化や廃業、あるいは他行に肩代わりされるなど、どうしても減少してしまうものである。貸出金を恒常的に伸ばしていこうと思うなら、やはり事業性の新規融資先を獲得していかねばならない。

営業店における渉外担当者の事業融資先新規開拓活動は、ルーティーンの中に組み込まないとなかなかできないものである。どうしても既存先の対応に追われてしまい、新規開拓活動は順序からいくと二の次になってしまうからである。

したがって、例えば「少なくとも毎週水曜日の午後は、新規開拓活動に充てる」というふうに決めておくほうがよい。

やり方とすれば、まず、帝国データバンクのコスモスデータであれば、帝国評点が一定以上の先をリストアップし、担当者の区域ごとに分けて訪問活動をするのがよいであろう。管理者としての進捗管理は、週一回営業会議を行い、そこで各行員からヒアリングするとよい。

新規開拓活動をやり慣れていない若手行員に対しては、支店長として適宜アドバイスを行うことが欠かせない。**最初に教えておくべき心構え**は次のとおりだ。

①既存のお取引先であれば、「こんにちは」と訪問すれば「こんにちは、いらっしゃい」と笑顔で迎えてもらえる。だが、新規先はそうはいかない。新規開拓営業で訪問する先には、自分の味方はいないと思っておくほうがいい。

②訪問に際しては、「明るく元気に」挨拶して入ることが重要だ。人は見た目の第一印象で判断されることが多い。元気ならばそれでいいというわけではないが、どんな企業でも、暗くてボソボソ話すような営業担当者とは取引をしたいとは思わない。

③アポイントなしで訪問した際は、「お約束は取っていないのですが、社長様はいらっしゃいますでしょうか」と切り出してみる。訪問する企業の規模によって「社長様か経理の責任者の方」などと臨機応変に変えなければならないが、最初から「経理担当の方はいらっしゃいますでしょうか」では、せっかくの社長に会えるチャンスを逃してしまうこともある。

④新規開拓営業というのは、「一瞬のチャンスをどうとらえるか」という仕事である。プロ野球の話にたとえるなら「代走専門」の選手に似ていると思う。かつて巨人軍に代走専門で有名な選手がいたが、その選手はいつ来るかわからない自分の出番に備え、入念に身体の手入れをし、十分なウォーミングアップやイメージトレーニングを行い、出番が来た時は投手の一瞬の隙をつき盗塁を決めていた。本人の出番は一試合の中でそれだけであったにもかかわらず、フル出場してい

る選手に引けを取らない年俸を得ていたそうである。

それと同様に新規開拓活動では、入念な準備や下調べ、知識の習得を行い、「社長に会える一瞬のチャンス」や「企業の資金需要のタイミング」を逃さず獲得につなげなければならない。
⑤新規開拓営業では、「面談できないのが普通」と思っておくほうがよい。お客様によく言われるのが「いまの取引銀行で間に合っている」というフレーズである。我々は「取引銀行がどこも貸してくれなくて困っている」といった企業に営業しているわけではないのだから、こうした反応は当然のことであり、そこをどうやって取引にこぎつけていくかが重要なのである

門前払いが続く部下へのアドバイス

しかしながら門前払いばかりされていると、どうしても部下はめげてしまって新規開拓活動を行わないようになる。そういう場合はこのようにアドバイスしよう。

①まずは新規開拓担当者として**「門前払いされている企業と、どういう理由で取引をしたいのか？」という「その企業への思い」を整理してみる。**
それは「取引ができたら大きな融資につながりそうだ」とか「今は小規模だが成長しそうだ」とか、あるいは「従業員の教育がよくされていて、とても感じがいい」というのでもよい。

「この企業とはこういう理由から取引をしたい」という思いがないと、継続訪問しても門前払いが苦痛でしかない。逆にそういう思いがあれば、継続訪問しようという気持ちが持続し、いろいろな工夫をして何とか面談にこぎつけようという発想にもなる。
②次に**「その企業はどうして門前払いをするのか？」という理由を考えさせる。**
その理由が「今の金融機関取引をかえるつもりがない」あるいは「過去からの付き合い等の諸事情によりかえられない」ということだとしたら、正面突破ではいつまで経っても活路は見い出せないだろう。こうした場合は、「どこからか紹介してもらう」方法がないか、調べてみるように指示する。

帝国データバンク等の情報や会社のホームページをよく見てみると、仕入先、販売先、外注先等に自行庫が懇意にしている先はないかを調べることができる。また、商工会議所やロータリー、ライオンズ等の組織に入会されているなら、そこでの共通の知人はいないか探せる。

ただし、これは担当者個人レベルでは難しい。**支店長や上席も一緒に、組織全体で取り組む**ことが重要だ。

「金融機関の新規営業担当者と面談しても得るものがなく、時間の無駄と考えている」ことが門前払いの理由なら、多くの金融機関が新規開拓営業をする中で、「この金融機関はちょっと違う」と思ってもらえるようにすることが大事である。

名刺は受け取ってもらえるのであれば、一緒に様々な情報ツールを渡すようにさせよう。自行庫が定期的に作成している顧客向け冊子のほか、訪問する企業が興味を引くような情報がないか探すように指示しよう。

例えば「会計ソフト、システム」「債権保証」「クラウドファンディング」「事業承継」「ものづくり補助金」「人材派遣」「各種リース商品」等々、ドアノックツールはたくさんある。すでに現在取引のある金融機関が紹介している場合も当然あるが、少なくとも「いろいろ情報のある金融機関だな」と興味を持ってもらえるであろう。

門前払いの理由として意外に多いのが、「本当にこの金融機関（この担当者）は自社と取引がしたいのか？」を見ているケースだ。「新規の金融機関取引はお断りしております」と言われて、それでも継続してやって来るかを見ているのである。

したがってこの場合の対応方法は、まさに継続訪問することである。筆者の経験でも、過去に、「君の名刺が20枚貯まったから、会うことにしたよ。１枚だけもらってあとは返すね」と言って面談していただいた社長が事実いた。

また、有名な佃煮屋を訪問し、たとえ門前払いでも、訪問のたびに名刺を渡し、それとともに１０００円の佃煮を購入していたら、３万円ほど使ったときに、店員が口添えしてくれたらしく社長に会うことができたこともあった（念のために言うが、自腹ではあったものの、味が気に入ったため好んで購入していたものである）。

効率的な新規開拓には「紹介」が有効

いかに効率よく新規開拓活動をしていくかを考え、教えるのも、支店長の大切な仕事である。新規開拓営業は、粘り強く、地道に多くの件数を訪問するのが王道である。しかしながら昨今、金融機関も労働時間の削減が課題になっており、効率的に仕事を行わなければならないのも事実である。

新規開拓活動を効率的に行うには、「入口の部分＝お客様との最初の接点」に割く時間や労力をいかに削減するかが重要になろう。そのためには、リストに基づく訪問営業は行いつつも、それとは別に**「紹介」によりアプローチを行う活動をする**とよい。

紹介を受けた案件は、とりあえず初回訪問でお客様に会えることが多い。ただし、十分注意しなければならないことは、「紹介者の顔をつぶさないこと」である。下手をすれば新規先がとれないだけでなく、今まで良好だった紹介者との関係まで悪化させることになる。「細心の注意を払って、迅速に対応すること」が必要だ。

では、具体的にいくつか紹介の例をあげよう。

①税理士からの紹介

「今の金利情勢と比較して、当社の銀行借入金利は少し高いと思うが、メインのA銀行は取り合ってくれない」「今の取引銀行の担当者や支店長と折り合いが悪い」「毎月の返済負担が大きすぎて資金繰りが厳しい」といったクライアントからの相談を一番受けるのは税理士である。

税理士としても、そういった問題や不満を解消することができれば、クライアントの信頼を得られる。そういった事案を紹介してもらえるクライアントがないか、税理士にアプローチしてみよう。

税理士は、取引先の顧問税理士を紹介してもらってもいいだろうし、また新規に開拓してもいいだろう。ちなみに**税理士を新規開拓する場合は、若手の税理士にアプローチするほうがよい**。既存の金融機関とのしがらみが少なく、クライアントに対する情熱や問題意識も高いからである。

ただし、ここで注意をしなければならないのは、特に新規の税理士からの紹介案件の場合、「与信判断は与信判断としてしっかり行わなければならない」ということである。例えば、他行庫ではどこも融資ができなかった先を紹介してくることもあるだろうし、ひどい場合は「粉飾決算」とわかっていながら紹介してくることもあるからだ。

②既存取引先からの紹介

自行庫がメイン取引金融機関であるような懇意にしている取引先に対して、自社の販売先・仕入先・外注先で紹介してもらえる先がないか、尋ねてみよう。ただし、この場合は紹介してもらった取引先が自店エリア内にあるとは限らないので注意が必要だ。

また、訪問を重ねてもなかなか有効面談に至らないアプローチ先の近隣に自店の担当先がある場合は、「近所のあの会社はお知り合いですか？　もしそうだったら紹介してもらえませんか」と依頼してみるのもよい。紹介してもらえなくとも「となりのB社の社長と仲がいいはず」とか「あそこは近所でも評判が悪いからやめておいたほうがいいよ」などと意外に知らなかった情報を得られることもある。

③賃貸マンション建設業者からの紹介

これは住宅ローンの不動産業者営業と同じで、賃貸マンションを建設するお客様の案件を紹介してもらう手法である。

土地購入や工場建設案件を一般の不動産業者から紹介してもらうこともももちろんあるが、通常そういった案件はお客様の取引銀行からの融資となる場合が多い。

それに対して**賃貸マンション建設業者の場合は、例えば複数の金融機関に案件を持ち込み、融資可能となった金融機関からお客様に選択していただくというやり方をしている業者もあるので狙い目**なのである。

そして、これには業者の担当者の信頼を得ることが必要になってくる。融資の可否・条件や決裁までのスピード等々は、業者にとっても建てられるかどうかの重要な事項となるからだ。信頼を得られれば、今後も案件の相談は入ってくる。

調査や稟議書の作成に時間がかかり、成約に至らないことも多いが、実行できれば1件あたりの実行金額が大きくなるというメリットがある。

「会話が続かない」という担当者へ

若手に限らず中堅行員からも、「実際に新規先の社長と面談できたときに、何を話していいのかわからない」「新規先での会話が続かない」という悩みをよく聞くのではないだろうか。

こうした部下行員に対しては、**「ただただ自分の準備不足」であることを認識させなければならない。**筆者が若いころの新規開拓営業では、事前に情報を取得する術が今と比べて極端に少なかった。企業情報を帝国データバンク等の外部情報機関から入手するにも、予算に限りがある。とりあえず飛び込み訪問をし、「そもそも何をしている会社だろう」と探り探り話をして、「君、そんなことも知らずに営業に来たのか?」と怒られることもしばしばあった。

それに比べると、今は本当にいろいろなことが事前に調べられる。まず、会社のホームページ(以下、HP)がある。何をやっている会社なのかから始まり、会社の歴史など様々な情報を掲載している企業もある。中には外部情報機関の情報には掲載されていない「社是」や「会社として大切に取り組んでいること」まで掲載されていることもある。

次に業種である。これはHPの有無にかかわらず、外部情報からほとんどのことがわかる。例えば「金属加工業」という業種の企業を訪問するとしよう。昔ならば、それについて調べようと思えば百科事典や審査辞典を紐解かねばならなかったのが、今やインターネット等で簡単に調べられる。

「金属加工業とはどんな種類の金属を取り扱うことが多いのだろう？」などといったことは簡単に調べることができるし、そうしたことを調べるうちに「この会社はどんな金属を主に加工し、どこに主に売っているのだろう？」「設備はどんな機械を入れているのだろう？」「あれっ、旋盤とフライス盤って何が違うんだっけ？」「そもそも鋼材の値段って、いま上がってきているのか、下がっているのか。その要因は何だろ？」などといった疑問が、思い浮かんでくるはずだ。

ここまで書いた十数行を読んだだけでも、いろいろ質問することや、話題にできることを考えられないだろうか。

先にも書いたが、新規開拓営業では、社長等と面談できる数少ないチャンスをいかに生かせるかがポイントとなる。「面談してその会話の中で先方のニーズを探り出し、次回の提案につなげる」という教科書的なことだけを真に受けて、**事前の準備が不十分なまま面談するから、質問することがなかったり会話が続かな**

かったりするのである。

「御社のことは調べられる範囲で調べてきました。そのうえでお取引をぜひ検討させてください」ということが先方に伝われば、次回以降の面談や提案にもつながる。逆に「何もわかってない奴だ」と思われてしまえば、次回以降の面談は難しくなるのである。

会話を円滑に進めるためのコツを教える

面談して最初の会話は大変重要だ。特に、後の会話を円滑に進められるよう、導入部分の話題をどう展開するかについて担当者をよく指導しておきたい。

「天気」や「時事」「経済動向」の話から入るとよい——と参考図書によく書いてあるが、これはあくまで既存先や、新規先でも何度か面談している先に限定されると考えておくべきである。知らない金融機関職員とゆっくり世間話をしているほど、社長は暇ではないからだ。

まずは自己紹介である。自分自身の紹介だけでなく、自行庫の内容や業況等を

（ミニ）ディスクロージャー誌を用いて簡単に行うようにさせる。

そして、次に場の雰囲気を和ませる方法を教えよう。それは「客観的にわかる、見た目のよいところを褒める」ということである。それは、社長など個人の見た目を褒めるのではない。最初から「社長、センスのいいネクタイされていますね」などと言っても「こいつ、いやらしい奴だな」と思われて逆効果である。あくまでも会社の見た目を褒めるのである。

「玄関から応接まで大変綺麗に掃除されていますね。皆さんで毎日掃除されているのですか」「受付の方をはじめ、みなさん元気に明るく挨拶をしてくださり、とても感じがいいですね」「(応接にかかってあるＩＳＯの認定書を見て)ＩＳＯ認定書ですね。ずいぶん以前から取り組んでおられるのですね」などと言ってみる。外部の人の目に触れる部分は、会社としても気にして取り組んでいることが多い。そこを最初に褒められれば、相手方も緊張がほぐれ、スムーズに会話が進められるはずだ。そのことを担当者に理解させよう。

「取引したい」という情熱をしっかり伝えさせる

新規開拓営業における大きな関門が「決算書を見せてもらう」ということである。社長とは話ができるようになったが、決算書の話になるとはぐらかされる等々の悩みもよくある。そういう際には、**まず上席と一緒に訪問させ、会話の仕方を学ばせるとともに、上席に先方の温度感を探らせる**ことが効果的である。

また、担当者に対するアドバイスとしては、次のことが有効である。

会社の大まかな決算内容をヒアリングした時点で、例えば「経常運転資金としての融資当貸枠の提案をしたいので、ぜひ決算書を拝見させていただけませんか？」と、具体的な提案を社長に切り出してみる。それが的を射ていれば、あるいは「できる行員だな」と社長に感じてもらえれば、決算書を見ることができる可能性が大きくなる。その際には「御社とお取引がしたい！」という情熱をしっかり伝えることが重要だ。

決算書がなかなかもらえない営業担当者の特徴として、その今一時の情熱に欠けているということが多いと思う。情報提供やビジネスマッチング先の紹介などは当然大切なことだが、それに終始してしまい、肝心なときに自分の気持ちを強くアピールできていない。むしろ情熱だけでガンガン営業する担当者のほうが、とりあえず決算書をもらってくるという傾向が強い。

なお、粘ってはみたが、決算書の開示について「考えておくよ」と言われるケースも少なくない。

その場合は、「では、お聞きした内容から仮のご提案書を次回持って来ます。正式なご提案書は決算書を拝見してからとなりますが、ぜひ弊行との取引をご検討ください」と次回に繋げるような話をさせよう。

エリア内の企業に常に関心を持たせる

あと、支店長としてやっておくべきことは、部下と既存先のお客様に帯同訪問を行ったとき、**訪問した企業のすぐ近くに自店取引先でない**（**聞き覚えのない**）**企業があれば、担当者に「この企業は当行と取引あるの？　どこの取引先？」と尋ねてみる**ことである。

こうした質問に対し、「わかりません」と答える担当者は意外と多い。自分の担当している企業には関心があるが、その隣の企業にはさほど興味がないということである。そしてそれはひいては、支店のエリアにはもっと関心がないということにもなる。担当先であろうがなかろうが、エリア内の企業には常に関心をもち、注意を向けるように指導する必要がある。

加えて支店長として注意しておかなければならない点は、**担当者は既存先については嘘をつきにくいが、新規先については嘘をつきやすい**ということである。つまり、既存先については支店長なり上席が勝手に訪問して話をすることもあるが、新規先については、それがまずないからである。だから「訪問しているが実権者に会えない」ということが続く場合等は、「時間帯を変えて行くように」などのアドバイスをするだけでなく、上席との帯同訪問を指示したりするほうがよい。

課長時代に体得した案件を押さえるポイント

(4) 住宅ローンの推進について

住宅ローンというのは実に便利な貸出金である。例えば事業性新規融資先でプロパー3000万円を出そうと思うと、かなりの時間とパワーが必要である。それに対し住宅ローンは、形にはまれば実に簡単に融資できる。

支店長1か店目の店は、それまで住宅ローン営業に注力をあまりしていなかったが、自分は**貸出金を安定的に増やすにあたって住宅ローンが非常に有効である**ことを課長時代に実感していた。当時、その支店近隣では分譲開発が進んでおり、府下でも大手の不動産業者2社と取引していたことに加え、大手ハウスメーカーの分譲開発案件やマンションデベロッパーからの案件の持込み等が多数あった。

また、当時は金利が低下局面だったため、10年程度以内に建てられた住宅に対して、積極的に借換営業を行った。営業時間中は当然だが、夕方や夜間等に時間を変えて、工夫を凝らして案件を取ってきていた。

少し話は外れるが、私はこの時期に、案件を押さえるポイントというのを体得した気がする。

その当時の支店長は大変厳しい人であった。週に一回、当時課長だった私と支店長代理で案件の進捗状況を支店長に説明し、それに基づいて貸出金着地の予想をするのだが、足りない場合はその対策を報告し、厳しく指導される詰め会議となった。

その案件の進捗状況を一件ごとに説明していくのだが、住宅ローンの分譲案件の場合は、一度に20〜30件の「似たような案件」が入ってくる。しかしそれらについてはいずれも微妙に進捗状況が異なる。例えば「本申込み書類待ち」「確認書類待ち」「減額回答につき先方考慮中」等々である。それがすらすらと口頭で伝えられなければ、支店長に厳しく注意された。

どれも似たような案件であるがゆえに、なかなか頭で覚えられない。けれど怒られてしまうので、なんとか頑張って覚えようとする。私はこうと決まった覚え方というのはないのだが、そこで、なんとなくポイントを関連付けて覚えるような癖がつけられたと思っている。

例えば名前とか勤務先とか年齢とか家族構成とか、特徴的なことを現状と関連付けて覚えるような術というのが一番近いかもしれない。

不動産業者営業に向いた行員を見極める

さて、話は戻るが、住宅ローンというのはそういった性質のものである。支店全体の長期貸出の約定返済額が1億円程度だったので、毎月3件、5000万円の案件がコンスタントに入ってくれれば、非常に楽になる。

どういう手法でやれば最も効率的に住宅ローンを獲得できるのか？　ここも、支店長になった最初の店の例をあげて説明しよう。

先にも言ったが、もともとその地域は農村地帯で、高速道路のインターチェンジができたことから工場が立ち始め、また地下鉄も通ったことから住宅も少し建ちだしてきた地域であった。住宅は小規模な分譲開発が所々にあるほか、少し支店から離れたところに、主に一次取得者向けの新興住宅地があった。

その地域だけに関して言えば、地元の人の不動産は「A不動産」か「B不動産」のどちらかが取り扱う状況であった。そして、そのどちらの不動産業者も、基本的には古くから支店のある地元信金と懇意にしていた。つまり簡単に言うと、後発だった当店にとって住宅ローンはとてもやりにくい地域で、それゆえ歴代の支店長はあまり注力してこなかったのである。

住宅ローンのやり方としては、主に「業者営業」「借換営業」「職域営業」がある。

このうち職域営業については、既存取引先は中小企業が多く、従業員の住宅ローンについて審査が通るか正直不安な部分があった。審査が通らなければ、円滑に行っていた今までの取引にも影響してくる可能性がある。職域営業は公務員や大企業を中心に行うものである。したがって、これは除外した。

借換営業については、結果的に夜間外交を主にしばらく行っていたが、もともと対象となる住宅が少ないのと、まだ所得の少ない一次取得者が多い地域であったため、これも申込みを受けたが審査が通らないケースが多く、赴任期間を通じてはあまり注力しなかった。

残る唯一の方法は業者営業であった。前述のA不動産とB不動産は一般個人向けの住宅をあまり取り扱っておらず、かつ地元信金と昵懇であったことから、とりあえずそれらの業者については支店長の時間をかけたトップセールスとし、域内および少しそれより広範囲の中小の不動産業者にターゲットを絞ることとした。

住宅ローンについては、2年目渉外のK行員を担当させることにした。域内の不動産業者に営業をかけさせると、そのうちの1社が懇意になってくれた。実はその不動産業者は僚店で事業性融資取引があり、本来ならばその支店で住宅ローンの持込みもするべきであろうが、あまりその支店と上手くいっていないという情報をK行員が仕入れてきた。また**住宅ローンは、要は「業者の担当者とどれだけ仲良くなるか」ということがポイントだ**。住宅ローンの持込みには、基本的に、社長等の経営者の意向が反映されることは少ない。

K行員はその業者のキーマンとなる営業員と仲良くなることができ、最終的にはその会社の他の営業員も含めて毎月コンスタントに住宅ローン案件をもらってくることができるようになった。

当時、渉外担当は4名いたが、**どの行員が不動産業者に対する営業が向いているかを見極めるのも支店長の仕事**である。最初は多少知識がなくとも、住宅ローンは商品性自体は単純なので短期間で覚えられる。**「元気があって明るくてフットワークが軽い」という行員が向いている**と思う。

初めて住宅業者営業を担当する行員への指導

K行員にとっては、初めての住宅業者への営業であった。そのため、最初に次のようなことを指導した。

まずは、**「相手の立場になって」「相手が何を望んでいるかを考え」、オーダーのあったことには「期待以上のものを返す」。それがすべての営業の基本であることを説いた。**

住宅ローンは、お客様にとって一世一代の大きな買い物である「家」にかかわる商品だ。それゆえ営業担当者は、「この人になら安心して任せられる」「これから先もお金のことに関しては、この人に相談していけばよい」とお客様に感じていただかなくてはならない。そのためには何が必要かと言えば、大まかには次の三点があげられる。

①知識が豊富であり、説明がよどみない。
②お客様の都合・タイミングに合わせて手続きを進められる。
③プラスワンの話ができる。例えば、住宅ローンのみの説明にとどまらず、住

宅ローン控除など、税制面でお客様が有益になるような話ができる。

そしてこれができる金融機関職員になるには、やはりしっかりと勉強することが必要だ。私はまずK行員に、住宅ローンの商品知識を徹底して勉強させた。

金融機関のみならず、営業を行うに当たってまず大切なのは、**「自分がどんなものを売っているか？　そしてそれはライバル会社の商品とどこがどう違うのか？」ということをよく知る**ことだ。それは営業マンとして当然のことだか、意外とできていない。

ライバル行の商品内容もよく理解していないのに、「金利で負けて、他行に案件を持っていかれました」という話をよく聞く。住宅ローンは自行と他行の商品内容の違いをしっかり把握し、優っている点・劣後している点を説明できるようにしておくことがなにより重要だ。

今やインターネットで調べれば、他金融機関の住宅ローンの内容はたいていわかる。例えば、先ほど言った「金利で負けた」という点ひとつとっても、住宅ローンの金利は「優遇金利」が使われることが多い。出来上がり金利で他行に負けていても、それが「通期優遇」なのか「当初特約期間優遇」なのか、その特約期間終了後の金利優遇幅はいくらになるのかで、ちゃんと説明さえできていれば、当行のほうがお客様にとって有利であったといったケースも生じてくる。

また、「団体信用生命保険」の内容の違いも侮れないセールスポイントである。よく見れば、その内容は金融機関によって多種多様である。一般団信のほかにがん団信、8大疾病団信、フルサポート団信等々があり、最近はお客様のニーズに応えるために品ぞろえも豊富になってきている。保障部分が大きくなるに従って金利上乗せ幅が大きくなるのが一般的だが、その内容と出来上がり金利で他行と差異が出てくるので、そこを上手く使ってお客様にセールスするようにK行員にはアドバイスした。

また一部に、「保証料無料」なるものを前面に打ち出している金融機関があるが、その場合のほとんどが保証料の代わりに手数料が必要となるので、そこも教えておく必要がある。しかも、手数料はいったん支払うと返ってこないが、保証料は繰上返済等を行うと一部返戻されるというのも侮れないポイントである。

住宅業者の営業担当者との深耕を図るために

業者営業に絞った指導も行う必要がある。

（大手）ハウスメーカーが相手の場合は、「提携住宅ローン」の有無が、案件の持込件数に影響する。また営業担当者個人との深耕に加えて、組織的な関係構築が重要であり、支店単位ではなかなか上手くいかないことも多い。

したがって、金融機関の営業相手としては中堅開発分譲業者が中心となり、この場合は**営業担当者個人との深耕が絶対的に必要**だ。それを図るために、K行員にはまず次のような指示をした。

①アプローチの基本姿勢

・営業に王道はなく、できるだけ多くの担当者のところに何回も足を使って訪問すること。

・何度訪問しても案件がもらえないときは、その担当者に固執しない。

②訪問前にその不動産業者の広告やチラシ、現地を視察しておくこと。

③例えば審査の回答が早いとか、案件が通りやすいなどといった、金融機関の

選定において重視しているポイントをヒアリングすること。

④自行庫のスコアリングモデルや審査基準を理解し、的確なアドバイスができるようにしておくこと。

⑤案件を数多く持っている、売れる営業担当者を探すこと。仲良くなって話がいくらできても、半年に1件しか販売できない担当者では案件は入ってこない。

⑥自分と馬が合う営業担当者を探すこと。そのほうが関係構築ができやすく長続きする。

⑦営業担当者の中でもいわゆる「兄貴分」的な存在を探すこと。その担当者からの案件が入ってくるようになれば、他の担当者からの案件も相談があるはず。

⑧お客様のことを第一に考えられる「良い」営業担当者を探すこと。自分の成績のみに固執している担当者より、お客様のことを第一に考えられる担当者のほうが結局はよく売る。

K行員はこれらを忠実に守って、恒常的に住宅ローン案件の持込みをしてくれる業者の獲得をしてくれた。

もちろん店内体制として、そこからの案件に対しては審査や事務、実行取引の時間などを最速で行うようにと代理に指示をし、支店をあげてK行員のサポートをしたことは言うまでもない。

3 収益向上をどう図っていくか
―貸出・預かり資産・法人役務への取組み方

(1)貸出金利益について

支店長は部下に対し、「収益」に対する意識を常に植え付けていなければならない。特に貸出金については、ともすれば「金利」よりも「額」に目が行ってしまいがちであるが、**収益をあげるために貸出を行うのだということを認識させなければならない。**

例えば住宅ローンを2000万円、0・7%で実行した場合、約定返済による元金減少分を加味しなかったとしても、年間で14万円の利息しか入ってこない。これはその行員の1か月分の給料にも満たないはずだ。金融機関は一人の行員に対して給料だけでなく、各種保険の企業負担部分や物件費などの固定費も支払っている。**企業を存続発展させようと思えば、自分がどれだけ儲けているかという**

意識を行員一人一人に持たせることが重要である。

貸出金金利は、銀行にとって高ければ高いに越したことはない。よく「どこよりも低い金利なら誰でも貸出金を売れる。他行より高い金利で売るのが営業だ！」とか「総合コンサルティング営業を通じて自行の付加価値を付ければ、高い金利でも借りてもらえる！」と言う役員がいる。確かに一理あると思う。そうしたことを常々意識して営業すべきだとも思う。しかしながら、現実にはそう簡単にはいかないから難しい。

そもそも金利は、借り手のデフォルトリスクに応じて決まる一面を持っている。しかしそれは、金融機関が自行一行なら成り立つが、実際には需要と供給の関係によって決まるという性格が強い。つまり、自行の金利プライシングから言えば1・5％の金利を適用すべき先であっても、他行庫が1・0％で貸し出すなら、企業は当然そちらで借りることになる。

さらに金利交渉が難しいのは、貸出金はオール・オア・ナッシングであるという点である。高い金利で交渉し続けると貸出金そのものが他行庫に持っていかれてしまう。もともと1・0％でも取れていた収益が、ごっそりなくなってしまうのである。だからこそ、ここの部下指導は重要なのだ。

私は金利については**「安直に先方の言うことを聞いているだけではいけない。ちゃんと交渉はすること」**ということは常々言っていたし、回ってきた稟議書の金利が低かったり、違和感を覚えるものだったときは、その理由を聞いて**「支店長は金利もしっかり見ているぞ」という意識を植え付けていた。**

支店長にしかできない交渉がある

支店長にしかできない取組みで成果につながった事例を一つだけあげてみよう。

１か店目の支店長のとき、取引先に株式会社Ｚという優良企業があった。実質ほぼ無借金だが、他行が０・５％でアプローチしている中、融資当貸枠を一行取引で１・５％で借りてもらっていた。

なぜ、そんな条件で借りてもらっていたかと言うと、そこは週に最低２～３回の集金がある、いわゆる「手間のかかる先」だったからである。集金を減らすとなると貸出金の金利を下げなければならない、もしくは他行が参入してくるという状況であった。

私は、社長とのリレーションは十分図れていると感じ、また実際には週2回以上の集金が必要な量もなく、単に社長が銀行と話したいだけだということに気付いた。そしてこう切り出した。

「社長、融資の条件は今のままで、集金を週1回に減らしてください。ただし、2週間に1回は必ず私が取次帳を持って集金に来ますから、それでなんとか勘弁してください」

支店長にこうまで言われたら、向こうも飲まざるを得なかったようだ。私はその後、2週間に1回、集金に行って社長と1時間くらい話をした。これはまさに支店長にしかできない交渉だと思う。

しかし、これはあくまでレアなケースである。例えば、粘り強い交渉やコンサルティング営業によって金利が改善できたとしても、それは現実はほんのわずかの差でしかない。昨今の状況から貸出金利回り、貸出金利益を改善するには、高い金利が取れる商品や企画をいかに本部が考えるかによってくるだろう。

収益を稼ぐには避けては通れない預かり資産営業

⑵預かり資産収益について

預かり資産からの収益は、いまやどこの金融機関でも収益の柱となっていることだろう。しかし、昨今の諸般の情勢から「収益に対するノルマ」を廃止したという金融機関もあると聞く。とはいえ現実を考えれば、収益を稼ごうとするなら預かり資産営業を除外することはまず無理である。

お客様保護やお客様の適合性等にしっかりと対応することは当然として、お客様のニーズに合うことは、金融機関として積極的にやっていくべきだと私は思う。

預かり資産営業については、資産運用コンサルタントとかカスタマーアドバイザーといった名称の営業職員が基本的に専属でやることが多いと思う。私がいた京都銀行の場合は、第1章でも少し触れたが、個人金融アドバイザー、通称でADと呼ばれていた営業職員が各店にいて、預かり資産営業にあたっていた。

預かり資産営業に関し、**支店長の仕事として重要なのは、そうした預かり資産営業専担者たちのケアである。**

エリア長をしていた時に感じていたことであるが、預かり資産の業績が悪い支店の支店長は、たいていが「その営業はADに任せっきり」で、「ADの出来が良くないから、当店は預かり資産の業績が悪いんです」と平気で言っていた。そういう支店長に限って、投資信託でどんな商品が今は売れ筋なのか、その理由は何なのか、といったことをわかっていなかった。

まずもって大切なのは、そうした預かり資産営業の専担者とのコミュニケーションである。それこそ「調子はどう?」「今、投信では何が売れているの?」ということを聞けばよい。そもそも預かり資産営業というのは、プレッシャーも大きく、大変な仕事なのである。「自分たちだけが、なぜ孤独にこんな辛い思いをしなければならないのか?」と思っている局面もあるはずだ。それを「支店長は自分たちの仕事に関心を持ってくれている、見てくれている」と専担者たちが感じれば、やはり頑張ってくれるものだ。そして新たな顧客を開拓してきたときや、大口の成約をしてきたときなどは「一緒にお礼を言いに行こうか」と声をかけてやるべきである。

私が次長をしていたときの支店は、預かり資産の成績がすこぶる良い支店であった。預かり資産営業を担当するＡＤが2名いて、二人とも大変よく頑張ってくれた。私はその二人の直属の上司でもあったので、その当時の支店長のやり方も見習いながら、上手くコントロールする術を学んだと思っている。

やる時はガンガン営業してくる二人であったが、気の乗らない時は一日中おしゃべりをしていた。でも基本的に営業というのは、結果さえ残していればそれでいいと私は思っている。彼女たちのやりやすいように上司がしていれば、ちょっと難攻な先には「次長さん、一緒に来てもらえますか」と、必要なときは向こうから声をかけてきてくれる。

結局部下というものは、「この人のためなら頑張ろう」という部分も少なからずある。支店長はそう思ってもらえるようにならなければならない。

自分なりのマーケット観・相場観を持っておく

それともう一つ大切なことは、**「支店長は相場やマーケットを知らなければならない」**ということである。同時に**相場の基本的なことはある程度、全行員に関**

心を持たさなければならない。

私は証券アナリストを取得したこともあって、少なくとも一般の行員よりもマーケットに対する知識は持っていたほうだと思っている。支店長となった最初の店では、推進のためのネタはほぼ自分で作ってADにトスをしていた。そこまでしろとは言わないまでも、まず支店長がマーケットを知っていないと、専担者にバカにされる。**支店長は支店長として、自分なりのマーケット観、相場観を持っていなければならない。**

ひとつ例をあげる。多くの金融機関で扱っていると思うが、「ノックイン型オプション付きの外貨定期預金」という商品がある。説明しやすいようにごくシンプルな形にした場合、次のような商品である。

期間：3か月

通貨：米ドル

金利：1%

償還：預入日の相場で円貨償還

特約：預入日より6円以上円高になれば、外貨償還

預入日相場：1ドル100円

つまり、今から3か月で6円以上円高にさえならなければ、3か月で1％の円定期預金と同じことになりますよ、と売っている商品である。

もちろん、こうした商品を求めているお客様もいるとは思うが、個人的に言えば、私はこの手の商品が嫌いであった。

例えば100万円預入した場合、普通に円で償還したとしても手取りの利息はたかだか2000円である。それに対し、円相場が1ドル90円になった場合、ドル償還すれば約9万8000円の損失が発生する。たかだか2000円の利息を得るがために、100万円投資して3か月で9万8000円も損をする可能性のある商品なのである。

投資信託等のリスク性商品も同じではないかと言われるかもしれないが、それらは儲かったときの利益の上限が確定していない。それに対してこの商品は、どこまで儲かっても1％なのである。確かに、3か月で6円以上円高になる可能性は小さい。けれど実際、3か月でドル円相場が10円動くことだって過去の歴史の中で何度も発生している。

私は部下にこういう具体的な説明をしたうえで、「もちろんお客様のニーズに従って販売するのは構わない。けれど、こういうところまでしっかり説明して販売するように」と指示を出した。こうしたことが支店長のマーケット観・相場観である。

大口の預かり資産先への訪問も支店長の大切な仕事である。特にご年配のお客様には、「うちにはわざわざ支店長が挨拶に来てくれる」と喜ばれる。

少しだけ注意しておいたほうがいいのは、何度か訪問し、面識ある先であればいいが、**基本的には一人で訪問せず、担当者と帯同訪問したほうがいい**ということだ。事業先とは異なり、こういう個人のお客様は担当者との相性で繋がっているケースが多いからである。一人で訪問するにしても、担当者に「ちょっと挨拶してくるよ」と断りを入れてからのほうがよいと思う。

法人役務収益は「支店長の感性」次第

(3) 法人役務収益について

M&A、長期為替予約、シンジケートローン、私募債、有料ビジネスマッチング等々、これらから発生する受取手数料はいまや金融機関の大きな収益源となっており、どこも必死で組織をあげて対応していると思う。

支店長やエリア長をしていて実感したことは、こうした法人役務収益ができる支店かどうかは「支店長の感性」次第であるということである。

情報を最初に掴んでくる接点はもちろん担当者なので、担当者の情報に対する感性も常々指導し続けなければならない。しかしながら、この種の案件がどんどん発生する支店があるのに対し、全く話が上がってこない支店もある。それは常に支店長が情報に対するアンテナを張り巡らしているか、ぼーっとしているかの違いによることが大きい。

できない支店ではその種の話がないのかと思えば、知らないうちに取引先がM&Aで会社を買っていたり、他行庫で私募債を発行したりしている。

たとえ感性豊かな優秀な部下がいたとしても、その部下の担当先は全取引先の一部に過ぎない。全取引先を担当しているのは支店長だけである。

では、その「感性」とはどのようなものであろうか。難しく考える必要はないと思う。**重要なのは、取引先がどうやったらもっと売上をあげられるのか？　もっと儲かるのか？　という視線で常に取引先と接すること**だ。

そういう癖をつけていけば自然といろいろなことに気付く。「あれを社長に紹介してあげたらいいかも」とか「そういえばA社が下請企業を探していたはず」といった感じである。そしてそういう姿勢で取引先に対して接していれば、相談事や困り事などがあったときは、社長のほうから声がかかるものである。

また、この分野における支店長のもうひとつ大切な仕事として、**自身や部下がせっかく掴んできた情報を成約に結び付けられるように、本部の専門部署や他店の支店長に積極的に交渉する**ことである。

これは役席や一般行員ではなかなか難しい。成約すればお客様の信頼を勝ち取れるのと同時に支店にも大きな収益が入ってくるので、支店長が本腰を入れて活動すべきところであろう。

④ 業績進捗管理について
――日々の行動管理＋営業会議での進捗管理を

次に、部下行員にいかにして業績推進に取り組ませ、その進捗状況を管理していくかについて述べたい。

理想としては、渉外担当の支店長代理が進捗を管理し、その報告を支店長が受けて、適宜指示やアドバイスを行うというやり方が望ましい。しかしながら、大規模店舗ならともかく、小規模店舗の場合は支店長代理にそれだけの力量がないことも多い。その場合は、支店長が直接担当者の進捗管理等を行うのも致し方ないことだと言えよう。

業績の進捗管理のやり方だが、私の場合は、週に一回程度の営業会議でそれを行っていた。

ただ、その前提として、**部下行員の日々の行動が適切かどうかをよく見ておか**

なければならない。

これは銀行によってやり方が違うかもしれないが、その日一日どういう行動を部下行員が行うつもりなのか、毎朝、訪問予定先を確認する。**その訪問予定先が前日までに決められているかがまずポイント**である。その日の朝に訪問予定を考えているようでは、すでに戦いに負けている。**何事に対しても「事前に事前に」考える癖をつけさせることが、行員を成長させる。**

前日の訪問日誌についても、内容が充実しているか、違和感がないかも含めてよく見る。訪問もしていないのに、訪問したように書いてあるケースも残念ながらある。最近は、ｉＰａｄなどの導入により行動の後追いができるようなシステムになっている銀行もある。

どんな内容を話しているのか、何か売込みを図るべき先については、それがちゃんと言えているか、今優先すべき先に訪問できているか等々をチェックする。

業績数値を把握し、目標との乖離を埋める方策を考える

次に、営業会議の内容についてだが、その場では担当者各人から一週間の活動状況、案件の進捗状況を報告させる。**進捗が鈍い場合や成果が乏しい場合は、何がネックになっているのか等を掘り下げて聞く。**

担当者個々人のモチベーションや能力が高い場合はこうした会議も必要ないかもしれないが、現実的にはそんな状況はなかなかない。担当者からすれば厳しい場になるかもしれないが、結果を出すためにそういう進捗管理は必要だと思う。自分自身がそういう状況で成長してきたように、部下にも成長してもらうためだ。

しかしながら、**決して「詰めて恫喝する」ようなことがないようには注意が必要**である。支店長から直接受ける言葉のダメージは、特に近時の若手行員には、こちらが想像している以上に大きいようだ。そういう行員には帯同訪問を増やすなどして、「できるようになってほしい」という思いを行動で伝えることも大切である。

そして、会議でここしばらくのだいたいの業績数値が把握できれば、目標との乖離状況の目安がつくので、優先課題からにはなろうが、それを埋める方策を考える。

例えば、今後、貸出金が目標に対して大きく足りなくなってくるという状況であれば、もう一度既存先の資金需要を掘り起こしに行ったり、マンションローンの借換え調査を行ったり等々の対策を打つべきであろう。

それは、渉外担当の支店長代理に指示して考えさせるべきことでもあるが、基本的には支店長の役割だと言える。

前もって前もってそうした対策を考え、講じていくことが、支店目標達成の王道である。

⑤ 支店長によるお客様訪問について
――基本的には単独で、担当者にも告げずに訪問する

「既存取引先には担当者と一緒にしか訪問しない」という支店長がいるが、これでは全くダメである。

もちろん、大きな案件を決めるときや、タフな交渉が必要なときは担当者と一緒に訪問しなければならない。ただ私の場合は、**基本的に単独で、担当者にも告げずにお客様を訪問していた**（あくまで、法人融資先の話。預かり資産営業先については、１３２ページで述べたように、担当者との帯同訪問を基本にしていた）。

担当者と帯同訪問することも時折は必要である。それは「お客様に対してどういう訪問のやり方をしているか」「お客様とどういう話をしているか」などを確認すると同時に、「こういうふうに話すんだよ」とか「こういうアプローチの仕方をするんだよ」ということをＯＪＴで教えるためである。

「その担当者はお客様から信任を得ているか？」などということは、帯同訪問では基本的にはわからないと思っておいたほうがいい。なぜなら、担当者は、連れて行っても問題ない先にしか支店長を連れて行かないものだからである。

知らぬ間に、支店長に自分の担当先に訪問されるとなると、担当者は気を抜けない。「今度工場を増設する計画があるらしいが、君は知っていたのか？」とか「最近担当者が全然来ないとおっしゃってたぞ」などと言われたら大変である。それに、訪問日誌にも迂闊に嘘を書けない。「昨日社長と会ったと日誌に書いてあったが、2週間前から入院されているじゃないか」ということも起こりうる。

ちなみに**単独で訪問し、「担当の○○はちゃんとやってますか？」と聞いてみて、少しでも不満気な顔をされたときは、たとえそれが軽い感じでも要注意**である。多少不満は持っていても、普通は、支店長に聞かれて担当者の批判や悪口は言わない。その担当者が怒られることが明白であり、今後その担当者とうまくいかないことが起こるかもしれないからである。

ましてや、取引先からあからさまに不満を言われたときは深刻である。お客様の反応を軽く考えて、最終的に貸出金を他行に肩代わりされてしまったという苦い経験もある。

では、そうした場合どのように対応するかだが、簡単に担当替えをしてしまうのは、その行員のプライドもあるし、また、行員の成長という観点からもよくない面がある。ただ、自分の今までの経験から言うと、人には「合う合わない」が必ずある。それは性格とか相性だけの問題ではなく、例えば「このお客様はいつ訪問してもタイミング悪く会えない」とか「せっかくアポイントを取っても、どちらかの都合が急に悪くなってしまう」というような、「もともと相見えない定め」としか考えられないようなお客様も実際にいるからだ。

だから、**担当者とお客様が納得すれば、担当替えもしかるべき措置**と考えている。

担当者がセールスしている内容には触れない

「こうするとお客様はもっと良くなるのではないでしょうか」といった提案型のセールスを、支店長自身が訪問先で行うことはあっていいと思う。実際私も、最初に支店長を務めた支店では、小規模店舗だったこともあり、事業性貸出金ネタの半分程度は、最初自分で話をつけていた。

一方、担当者がセールスを行ったが、なかなか成約に至らず、支店長が同行するケースがある。その時はなるべく、**担当者がセールスしている内容には触れずに話をするべき**である。話の最後にさらっと「担当が提案している件、またよろしく頼みます」とだけ言えば、お客様はなぜ支店長が来たのかという意味を理解する。

ただし、**支店長の「お願い営業」は余程でない限りするべきではない**。それはお客様によっては、「なんだ、この店の支店長はこの程度の人物か」と思われてしまうこともあるし、それ以上に「支店長に言われたら、お客様は断りづらい」からである。

営業成績は大事だが、お客様が嫌がること、お客様が損をすることを強要してはいけない。お客様にとって、支店長の依頼を断るというのは、かなりの勇気がいることである。実際はそんなことはなかなかないのだが、「支店長の機嫌を損ねたら、今後の取引に影響するかもしれない」と考えているお客様も多いのである。

⑥ 支店表彰を狙う

――与えられた目標を達成することの意味とは

私が勤務していた銀行には、営業店の業績評価として全体を評価する総合業績表彰のほかに、事務効率化特別表彰や監査優秀店表彰、お客様満足度特別表彰などがあった。

私はこの表彰制度そのものが個人的に好きであった。特に評価基準が明確で、人の主観的な判断が入る余地の少ない表彰が好きであった。なぜなら結果が語ってくれるからである。結果で人を黙らせることができるからである。

私はかつて支店長代理であった一時期、上席から「お前は営業店では使い物にならない」と言われた時期もあった。支店長になってからの私の成果をその人たちはどのように考えたのだろうと思う。

今世間では「ノルマを与えない」ということが流行っている。ノルマというと大変聞こえが悪いが、要は目標である。例えば融資に関しては、獲得した数字でなく、事業性評価に基づいた取組みをどれだけできたか？　という評価に変えるらしい。それで飯が食っていけるのだろうか？

「事業性評価に基づく取組み」は地域金融機関にとって当たり前にやらなければならないことである。それは当たり前のこととして、**融資量を伸ばし貸出金利益を増やさなくてもやっていけるのだろうか**。

例えば、期初に200億円あった担当先の融資残高を期中で180億円に減らしたとしても、事業性評価に基づいた貸出金を1先5000万円実行すれば、その行員を評価し、給料を上げるのだろうか？　それで自分たちの銀行は発展していくと本気で考えているのだろうか？

株式会社である限り、株主をはじめとするステークホルダーはいるし、従業員やその家族の生活もある。つまり、株式会社は儲けなければならない。そのために本部は営業店に「目標」を与えるのである。だから私は、本部から割り振られた目標はすべてやらなければならないと考えていた。

それは管理監督者になってからだけでなく、自分がプレーヤーの時もそう考えていた。もちろん、あまりにも法外な目標を与え、できなければそれを厳しく責めるというようなことは避けなければならない。しかし、適正な目標を与え、それを目指し達成することで銀行が儲かり、ひいては地域にさらに有用なサービスを提供できるようになることの何がいけないのかと思う。おそらく諸般の事情あってのことなのだろうが、目標の否定は正しいことではないと私は思う。

そして何よりも大切なことは、**目標を達成して支店表彰を受賞すれば、「部下の給料が公然と上げられる」**ということである。先に書いたように、これは支店長の最も大切な仕事のひとつだと考えている。

考課に対して人事部になんと言われようと、「これだけの結果を残したのだから」と理由がつけられる。事実、業績を上げ、表彰を受けた支店では、小規模店・中規模店では普通ありえないような高い考課がついた行員もいた。

初めての支店長として赴任して3か月、その支店は平成18年上期の総合業績表彰優秀店を受賞した。ただし、これは前任の支店長の功績だと思っている。**支店**

の成績は、今やっていることがすぐに成果に出るものではない。体感的には、小規模店舗なら3か月後、中規模～大規模店舗だと、6か月～1年かかるとみておいたほうがよい。評価する経営の方にもその点は理解しておいていただきたい。

ちなみにその支店は、18年下期も優秀店、そして19年上期と19年下期は連続して最優秀店を受賞することができた。

優秀店の表彰には役付役員が、そして最優秀店の表彰には頭取が支店に来てくれた。頭取が支店に来るときはやはり特別であった。ただの優秀店の表彰では、役付役員のほかはエリア長だけであったが、最優秀店の表彰は頭取のほか、エリア長、秘書役、営業統轄部長、広報部（写真撮影等のため）とたくさんの人が来て、表彰式が始まる前から物々しい雰囲気であった。

表彰式の答辞で私は決まって言う言葉があった。

「この受賞は私の力ではなく、ここにいる全員がそれぞれの持ち場で精一杯頑張ってくれたから取ることができたものです。どうか、みんなを褒めてやっていただきたいと思います。そして、どうかみんなの顔を覚えて帰っていただきたいと思います」

私は、この言葉を言うときが至福の極みであった。私はこの場所で、この一言が言いたいがために、そのたった10秒程度のために、半年間頑張っていたのだと思う。

女性行員からの質問に答え、頭取が語ったこと

最優秀店の表彰式後には、頭取との懇親会が開催された。頭取から少し話をいただいたあと、行員から質問する時間が設けられる段取りとなっていた。私は事前に行員に「誰か頭取に質問したい人はいるか?」と聞いたところ、ある女性行員が質問したいと言い出した。私は質問の内容を聞いて「面白い」と了承した。

そして懇親会の席上、彼女は頭取に「私はできれば頭取になりたいと思っているのですが、どうすれば頭取になれるのか教えてください」と質問した。

頭取は少し苦笑しながらも次のように答えてくれた。

「頭取になるというのは、本当にいろいろなタイミングや偶然が重なった結果という部分が大きいと思う。しかし、ただ一つ頭取になる方法を挙げよと言われた

ら、それは『**自分が今与えられた仕事で最善の努力をし、自分がここで仕事をしたという痕跡を残していくこと**』だと思う」

世の中には、「この人にしか言えない言葉」というものがあると思う。この言葉は、当時頭取がよく言っていた「一隅を照らす存在になるように」という言葉と同じ意味で、とても納得できるものだった。

これを聞けただけでも、この懇親会の意味はあったし、その質問をさせてよかったと思った。

column

朝のミーティング

支店長をしていた時は全体ミーティングを毎朝実施していた。例えば、支店長3か店目の店では、支店長・次長・事務長の管理職以外が順番で司会者をし、15分程度行っていた。全体の流れは次のとおりである。

①朝の挨拶、当日の出勤状況の確認
②前日の計数（貸出金ボリューム等の主要計数の実績および計画との差異）の発表
③前日の獲得実績の発表（獲得した個人名もあげて発表）
④前日の相場（日経平均株価、円相場、当行株価の動きの概要）の発表
⑤連絡事項
⑥次長、事務長からの訓示
⑦支店長からの訓示
⑧司会者から一言
⑨窓口3用語唱和

これにはそれぞれ目的がある。
・毎朝ミーティングをするのは、毎朝の行員の顔色などを見るため。
・司会を新入行員から課長までに担当させるのは、彼・彼女らが人前で話す場を作るため。
・現状の業績計数に対する全員の認識を深めるため。
・昨日獲得した人を発表するのは、その行員たちを人前で褒めるため。
・日経平均と円相場を発表するのは、銀行員として最低限知っておく必要があるため。
・当行株価については、お客様が我々は当然知っていると思っているため。
・全員で共有しなければならない情報を伝えるため。
ひとつのポイントは、日経平均と円相場の発表では、相場の数値だけを発表させるのではなく、動きやその理由も発表させることである。それには、わからないなりにも日経新聞などを読まなくてはならない。読めば「この言葉の意味は何だろう?」と調べたり聞いたりして知識が増えていくものだからである。

第4章

支店長の与信管理・事務管理、その他業務

1 与信管理で大切にすべきこと

――後に禍根を残す懸念のある貸出はしない

業績推進が支店経営の柱であることは言うまでもないことだが、金融機関の場合、**「貸出金でロスを出さない」**ということも非常に重要なポイントとなる。元本ロスが出ると、それを利息でカバーするためには、百倍規模の貸出金を増やさなければならないからである。

私は決してイケイケではなく、私自身が「ロス」を発生させた貸出金を出した記憶は、支店長のときに1回、担当者のときに2回しかない。もちろん過去に出ていた貸出金でロスが発生し処理したことはいくらでもあるが、自分が出した純増資金でのロスという意味である。

そんな私のスタンスの原点は、支店長代理時代と課長時代にある。バブル時期にその支店は最優秀店の表彰も受けていたが、当時実行された貸出金は本当に杜撰な貸出金が多かった。その支店に限らず、当時は日本中の金融機関が、多かれ少なかれ同じような貸出を行っていた。実行から約10年が経過し、回収は困難を極めていた。

この時期の私は営業推進というより、与信管理と回収が主な仕事であった。単なる与信管理や回収ではない。その厳しさは半端ではなかった。

融資量では支店トップクラスであった先をバルク処理しなければならない交渉では、ひとつ言葉を間違えれば本当に命とりになるような状況が数か月続いた。

この時代は、「なぜ自分がこんなことをしなきゃいけないのか？」「なぜこんな怖いめに合わなきゃならないのか？」と日々悔しがりながら仕事をしていた。そのときの経験から、**「後に禍根を残しそうな懸念のある貸出、数年後の支店長や担当者が苦労しなければならない貸出」はしない、**ということが私の与信管理の基本となった。

とりわけ、「資金使途」に関してはしっかりチェックするよう心掛けている。

当たり前の話と言えばそれまでだが、**禍根を残す案件は入口の部分からがまずおかしいことが多い。**

部下から回付されてきた稟議書で「資金使途」がよくわからないということは、いつの時代もあった。例えば単純に「運転資金」という書き方をしてあっても、「この会社にこれだけの運転資金は不要でしょ？」という案件は結構多かった。稟議内容の軽微な誤りは特に気にしなかったが、資金使途が不明確な稟議書については必ず差し戻していた。

全体を見たうえで「違和感」を大切に扱う

ロスを出した貸金についても、簡単に言っておく。支店長のときのケースは、こうである。業況が不安定で少し注意はしていた先に対し、シンジケートローンの期日が来て組み直しをする際に、シェアを増やし約８０００万円純増資金を出した。担当者が起案してきたとき、若干不安で違和感を覚えたため、本来ならもっと深く入り込んで調べるべきであったと後悔している。やはり**支店長というのは、**

一番全体が見えている、いや見えていなければならないポジションである。「違和感」を大切に扱わなければならないポジションであると思う。

何より違和感を覚えたのが、メインはメガバンクのA銀行だったのだが、そこのシェアが落ちて、当行が増えたシ・ローン組み直しであったことだった。当時は「担当者の努力でシェアを増やしてもらえた」と納得したのだが、よくよく考えれば、あのA銀行が簡単にそういうことを許容するはずがなかった。A銀行はその会社の情報をよくキャッチしていて引いたのだろう。いくらかは回収したが、このロスは、自身が出した中で最大のロスであった。

担当者の時代の事例のひとつめは、京都府外店で勤務していたときのことである。

当時担当していたB社は地場では有名な建築・内装工事業者で実質当行一行取引先であった。しかし折からの不景気により受注量は減り、また工事の採算もかなり厳しいものであった。結果的にわかったことであるが、後半受注していた工事はほとんどが赤字受注で、資金を回すために杜撰な資金計画を当行に提出し、つなぎ資金を引き出していた。

私は、**与信判断では「誰に出すか」ということを重要視している。**つまり、出す相手方の実権者が信頼に足る人物なのかということである。返す人はどうにかして返してくれると思っている。

B社の社長は、公職もたくさん歴任し、地元の商工会議所の会頭も務めたことのある名士であった。人柄も温厚で、当時まだ若かった自分は「こんな若造の自分が話すのは畏れ多い」と思っていたが、気さくに対応してくれていた。また、実務をしていた経理部長も人のいい人物であった。だから、不安な面はあったものの、正直「なんとかしてくれるだろう」と甘く見ていた節はあった。

いよいよ無担保ではこれ以上出せなくなったときに、社長は「第三者保証人」を連れてきて融資の依頼をしてきた。保証能力のある人物だったので、当時の支店長は了承してつなぎ資金の融資を実行した。結果的に言うなら、この時点で止めればB社は倒産していたが、少なくとも第三者を巻き込むことはなかった。

数か月後にB社は不渡りを出した。

確かに社長は人望も厚く、温厚な性格の人物であった。しかし、それが災いしたのか、公職をたくさんやり過ぎて本業が疎かになってしまっていたのが倒産の根本的な原因であった。もっと社長が本業に本腰をいれていれば、受注の価格交渉や原価管理をきっちりできていたはずだった。

また、経理部長もいい人柄ではあったが、よくよく調べてみると経理実務をやった経験が乏しく、単なる出納係で工事の原価管理などできる人物でないということが判明した。

「誰に出すか」は確かに重要である。けれど、その判断基準は、もちろん「人柄」も大事であるが**「仕事に対する取組み姿勢や考え方」が一番大切**であるとこのとき勉強した。

「責任感」は、多かれ少なかれ会社の社長や部長は持っている。しかし倒産、破綻となってしまえばその責任感はどこかへ行ってしまうし、人柄などは関係のないこととなってしまうのだ。

ここという先には早めに自ら出ていく

担当者時代にロスを出したもう一例は、市内店勤務の時である。C社は建築業者で本業は不況の折ではあったが順調であった。1年ほど前に新規取引をした先で、社長も経理を担当している奥様も気さくな人柄の人物であった。

ある日、社長が新事業展開をすると言ってきた。それは本業には全く関係ない「水」を取り扱う仕事で、とても身体によい水で必ず成功すると自信満々であった。私を含め当行は「どうも胡散臭い」と思い、何度も忠告したが社長は頑として聞き入れなかった。結局それは騙されていた話で、数千万円が話を持ち掛けてきた人物に流れ、それで資金が足りなくなり不渡りを出した。

当行がロスを出したのは最後に出した500万円だけであったが、あのとき出すべきではなかったと今でも後悔している。

いくつか事例を書いたが、「ロスを出す」ことは、ただただ後悔と反省を生むばかりである。交渉の中で嘘をつかれたり、粉飾をされたこともあったが、決して取引先のことを恨んだりする気はない。そのときは、みんな必死だったのである。生き残るために必死だったのである。**それを見抜けなかった自分の力量が足りなかった**のである。

銀行に対して申し訳ないという気持ちになるのはもちろんのこととして、倒産した会社に対しても、「何とかしてあげられなかった。自分がもっと早い段階かちしっかり対応していればよかった」と反省し、悲しい気持ちでいっぱいになる。

支店長が行う与信管理で重要なことは、先ほども述べたとおり、「後に禍根を残す懸念のある貸出はしない」ということと「ロスを出さないこと。やむなく出す場合でも最小限にとどめること」である。そしてそのためには「**ここという先はよく見る**」ということと、**常日頃は部下行員に任せているとしても、「ここという先には早めに自ら出ていく**」ということが必要である。

② 事務管理における役割
――体制の大枠を作り、維持し、改善する

支店長の事務管理における役割とは、細かく一つ一つのミスをチェックすることではない。それは厳正な事務処理の遂行ができるよう、また効率的かつ迅速に事務処理ができるような「体制の大枠を作り、維持し、改善していく」ことにあると言えよう。

そのためには、事務についてもちゃんと入り込んで自らの目で見て、まずは自店の事務水準をしっかり把握しなければならない。**動態を観察し、毎日でなくてもよいが日々の伝票類をチェックし、時に部下に声をかけて質問してみる**ことが必要である。

事務は「知識」と「技能（スキル）」の両方を上げていかなければならない。ミスが発生するのは、知識不足か技能不足のどちらかである。知識については、「**事**

務規程」を部下に継続的に勉強させる仕組みを作るべきであろう。

例えば、「それでなくとも退行時間が遅く、勉強会などしている時間がない」というケースもあるかもしれない。けれど「だったら仕方ない」では支店長の仕事をしていないも同然だ。「それだけ帰るのが遅くなっている原因は何か？」から入って、ネックとなっている事象をどうするかを考えることが重要である。

担当役席や事務のメンバーにヒアリングをしてみよう。一例をあげると、「A社の事務処理が多くて困っている」というのであれば、EB導入による負担軽減をA社と交渉できないか、また、少しでも負担を軽減するにはどの部分を譲歩したらよいかなどを考えるのが支店長の仕事なのである。それらを解決していくことによって、時間を有効に使い、事務知識レベルを上げられるような仕組みを作っていくべきである。

勉強会は、支店長が事務の詳細な点まで熟知しているようなら、自らがやるとさらに効果は上がると思うが、私の場合はそうではなかったので、支店長代理に指示してやってもらっていた。しかし、その場合も投げっぱなしではなく、進捗状況は定期的にヒアリングしていた。

週1回、全員にやらせた加算機の練習

知識の習得と同時に、技能の向上も重要だ。「オペレーションミスをした」といった類は、知識不足というより、技能が未熟なことから起こる。ただ、**技能の向上には経験を積むことが必要で、それは一朝一夕には向上しない。**

第2章で、新入行員の配属初日に、私が彼らに伝えた8項目について紹介した（58ページ参照）。その5つ目に「基礎技能は銀行員の基礎体力。最後は体力のあるものが勝つ」と挙げていたように、私は部下行員の「基礎技能」の向上にはこだわっていた。**「ここをしっかりやっておくことが、事務にかかわらずその行員の後々のためになる」**と考えていたのである。

そのため、もはや時代遅れと言われるかもしれないが、支店長をしている期間を通じて、加算機の練習は週1回、ほぼ全員に（もう十分に習得している行員は除いてのときもあったが）指示してやらせていた。

加算機を使って、問題を10分間に何問解けるかというやつである。新入行員時代には計算技術向上のために研修で集中的に行うが、支店に配属されてから行う

ことはほとんどないだろう。

これを部下行員にやらせた理由は、単純に計算技術を向上させようとするものだけではない。私はこれを、「数字を瞬時に認識するトレーニング」と位置付けていた。

銀行員というのは、他の職業より数字を認識する能力に長けていなければならない。「認識間違いが大きな失敗に繋がる」からである。

「358,766,442」――。例えば、これを瞬時に認識するのである。記憶するというより見た瞬間にイメージとして頭の中に残るかどうか、そういう感覚である。これを「358,766,422」と間違ってしまうかどうかが、事務ミスが発生するかどうかの違いになってくる。

支店長になって事務作業から離れてしまうと、稟議書で数字は見るとはいうものの、この能力は確実に落ちたと実感する。だから、行員に不満はあったかもしれないが、やっていたことは間違ってなかったと思う。

3 事務でも表彰を狙う

――裏方の事務行員にも脚光をあびる場を与える

当行には事務効率化特別表彰という表彰制度があった。文字どおり、事務効率化に成果を上げた営業店を表彰するもので、事務事故等があれば表彰対象外となるが、評価項目やその点数基準が明確な表彰であった。

私は営業部門の表彰だけでなく、この賞についても常に獲りたいと思い、狙っていた。なぜなら事務というのはいつも営業の裏方で、表舞台に立って褒められることが少ない。普通にできて当たり前で、間違った処理をすれば怒られてしまう。だからこそ**事務の行員にも、「自分たちも頑張った」という証《あかし》を与えてやりたかった**のである。

この事務効率化特別表彰にはいくつか評価項目があり、それらを総合して表彰店が決まる。表彰のカギは、評価項目のうち、自店が弱い項目をどう引き上げるかにあった。

私が最初に支店長になった店では、特に「為替特殊振込比率」という項目が悪かった。こういう項目の改善を図るには、**最終的な結果から逆算し、数値を上げるにはどうすべきかを検討するとよい。**

為替特殊振込比率とは、紙ベース等の振込で総給振等の所定の期限に間に合わず、手作業で振込処理をしているものなどの比率を指す。この特殊振込を減らすことにより、事務の効率化を図ろうとする趣旨のものである。比率は「特殊振込件数÷対象となる総振込件数」で計算される。その店の場合、これが30％であったのを10％未満にすれば、この項目の最高得点がもらえるという状況だった。

この比率を減らすには、分母を増やすか分子を減らすかである。私は、その時点で現在特殊振込を行っている企業先およびその件数を出すように指示し、それを何先減らせば10％未満になるかという目標を立てた。

目標の達成には、特殊振込をEBに移行するか、あるいは持込み日を早めるかという交渉を先方と行う必要がある。これは単に表彰のためだけでなく、為替担当者の事務負担の軽減にもつながる話である。

私は、担当者がついている企業先についてはその担当者と、内部役席や為替事務担当者からも意見聴取しつつ、どこが交渉できそうか相談した。例えば、比率を目標に持っていくには200先の特殊振込を通常振込にしなくてはならなかったとしよう。それにはどの先に交渉したらいいか、という相談を行ったのである。

もちろん、今までにも交渉したことがあり、拒否されたという企業もあるので、慎重にやらなければならない。しかし、そうやって個別に掘り下げて検討していくと、担当者もその企業が特殊振込になっていることを知らなかったり、EBのセールスをしたことがなかったという先が明らかになった。また、先方と交渉したところ、「今まで特に何も言われなかったから、前日に持ち込んでいた。3日前の持込みは可能」という先も出てきた。

必要な場合は支店長も交渉に行くという姿勢で、店全体で真剣に取り組んだ結果、目標まで特殊振込比率を下げることができた。結果的に、事務効率化特別表彰も受賞することができ、その後も、私の在任期間中は受賞を続けることができたのだった。

④ 支店長の冠婚葬祭
——きっちりやっておかないとトラブルのもとに

(1)取引先やお客様に対して

支店長にとって冠婚葬祭は重要な仕事である。今は昔と比べてかなりそれらの行事も簡素化されてきたが、きっちりやっておかないと、後でトラブルになったり、苦情を受けたりすることがある。

①褒章関係

毎年「秋の紫綬褒章」等が新聞に発表される。そのときはそこに自店の取引先の名前がないかを調べ、名前があった場合は、取引の内容によってお祝いを持参する等の対応が必要だ。通常の取引ならば「紅白ワイン」を、大口のお客様ならばそれ以上のお祝い品を持参する。それを**「支店長が自ら持っていく」**ことが重要だ。

私の経験では、一度、大学の学長が褒章を受けられた際、お祝いを持参したい旨を告げたが、事務局から郵送してほしいという返事があった。そういう特殊なケースを除いては抜かりなく持参する対応をしていた。

②取引先社長の昇格等

これも大事なお祝い事である。胡蝶蘭等の花を贈るのが通常であろう。花を贈るケースは、このほかに支店や店舗を新築オープンしたときなどである。支店長名で普通は贈るが、**取引の度合いによっては頭取や役員名で贈った方がいい場合がある。**そういうときは秘書室と相談するとよい。

こういう対応をしないとどうなるか？　いきなり取引がなくなるということはまずないが、少なからず相手の気分は違ってくるだろう。それに、取引先を訪問した際、他行の花がたくさん来ているのに、当行の花だけないということが起こってしまう。

もっと言えば、新規開拓先に訪問したときなどによく見かけたことであるが、3行取引のはずなのに1行だけ花が来ていないケースがある。そういう先は「支店長がぼんやりしているか、この会社にしばらく来ていないか、はたまた担当者が黙っているのか」などと勘ぐってしまう。

銀行担当の経理部長が昇格されたり役員になったときに「カッターシャツお仕立券」等のお祝いをすることもある。この場合に注意しなければならないのは、あくまでもそれらの人は社長でなくサラリーマンなので、「特別にそういうことをされると立場的に困る」というケースがあることだ。相手にお祝いをしたい旨を正直に告げたうえで、相手の意向を踏まえて対応を考えるようにしたい。

③弔事

最近は家族葬などにするケースが増えてきたが、支店長をしていると取引先のお悔やみ事に対応しなければならないことも多い。いつでも対応できるように、**自宅と職場に喪服を一着ずつ置いておく**ことは必須である。

さて、弔事の連絡があったとき、支店長が行くべきなのか、担当や次席が行くべきなのか、弔電のみにするか、またお通夜と葬儀のどちらに行くべきなのか両方行くべきか、などが問題になる。取引の度合い等によってそれらがちゃんと決まっている金融機関もあるかもしれないが、当行ははっきりそういうことが決まっていなかったので、その時々で判断をしていた。

ここでのポイントは**「どちらにすべきか迷ったときは、丁寧なほうの対応を選択すべし」**ということであろう。行くか行かないか迷った時は行くべし、ということである。時間や経費はかかるかもしれないが、行って後悔することはない。

また注意しなければならないのは、宗派や土地柄によって弔事はその内容・しきたり・風習が大きく変わるということだ。他の人がやっていることの見よう見まねでなんとかなるものであるが、一度大口預金先の葬儀に出向いた際、いきなり「参列人代表として献花をしてくれ」と言われ、面食らった思い出がある。

初盆参りというのを地域によりやっていると思うが、これも侮ってはいけない。初盆というのは亡くなられた方が初めて迎えるお盆のことで、お参りをして故人を偲ぶという日本の風習である。

かつて、次期社長にと考えていた息子を病気で亡くされた会社の社長宅に初盆参りに寄せていただいたところ、大変感謝してもらい、「よく参ってくださった」と自筆の丁寧な礼状をいただいた。そのときは、こちらが感動し、事の重要性をあらためて教えてもらうことになった。その礼状は今でも大切に保管してある。

主賓としての挨拶は定番どおりの内容で

(2)行員関係

①結婚式

最近は結婚式も身内のみで行うなど簡素化されてきていることも多いが、銀行員の場合は、どちらかと言えばそのような風潮の中でもしっかり式や披露宴を行うことが多いのではないかと思う。

支店長をしていると主賓として招待を受けることが多い。行員同士の結婚なら相手方の主賓も支店長等であることが多いと思うが、**もし相手方が自分より先輩の支店長であったり役員であったりした場合は、電話なりで挨拶をしておくほうがよい。**

また、主賓というのは披露宴の冒頭に挨拶をする大変重要な役目である。そのスピーチ次第ではその後の雰囲気まで変わってしまう。私の経験から注意点を挙げるとすれば、次のとおりである。

・スピーチの時間は5分以内にすること。

・スピーチについて書かれた本には、「形式的な挨拶から入らず、『あれは昨年の7月のことでした』など、引き込むような入り方を」ということが書かれてあるものもあるが、やはり支店長による主賓の挨拶はしっかり定番どおりにやるほうがいい。

・ご両親や親族は、「銀行ではどのような働きぶりなのだろう?」と思っておられる。具体的な事例を交えて、頑張っている姿が目に浮かぶような話をする。

・「いつまでも仲睦まじく」ということが主賓の願いであると思う。定番ネタでもいいので、それを伝える話は持っておいたほうがよい。私の場合は次のような話をすることが定番だった。

「今、隣に座っている最愛の人のこと、わかっているつもりでいても実はほんの数年しか知り合ってから経っていないと思います。育ってきた環境が違うので、お互いの考え方や物事の感じ方が違うのは当たり前のことなのです。これからそういった場面に何度か出くわすことになると思います。そしてそういうときは、最後はどうかお互いに相手のことを思いやってあげてください。それと最愛の人の人格を形成したのは、相手方のご家族であったりご友人であるということをどうか忘れずに、感謝の気持ちを持って常に接してあげてください。そうすればきっと素敵な家庭が築けるのではないかと思います」

参考までに結婚式披露宴によばれた際の「お祝い金」について話をしておく。支店長によっては普通より少し高い金額を出す人もいるが、私の場合は一般的な金額のお祝い金に加えて1～2万円程度のお祝い品を渡すことにしていた。

本人に何が欲しいかを聞いて、例えば「時計」とか「コーヒーメーカー」とか新居に必要なものを渡す。そうすれば、「これは支店長にお祝いでもらったもの」として当人の記憶に残ることとなる。

②弔事

こちらも最近は家族葬というやり方が一般的になり、以前ほど支店長が弔問する機会はなくなった。

行員の家族等にご不幸があった場合、続柄にもよるが支店長はやはり弔問したほうがよいと考える。支店長が弔問すると行員の顔が立つし、ご家族にも感謝される。ただし、本当に親族のみの家族葬で、外部の人に来られては困るという葬儀もある。家族葬の場合は、支店長が弔問してもよいかどうか喪主に確認し、了解を得てからお伺いするほうが賢明であろう。

5 支店長のトラブル・苦情対応
――「自分の後ろには誰もいない」という気概で

何でもかんでも「支店長自ら率先してやるべき」と言う人がいるが、それは間違っている。そう言っておけば楽だから言っているだけである。

お客様とのトラブルや苦情に対して支店長はどう対処すべきか？ 結論を言うと、**「支店長は支店の結果に対する全責任を負う。それを理解したうえで支店長が出るべきと判断したケースは出る。そうでない場合は支店長代理等の役席に対応させる」**ということになろう。

例えば、窓口で振込金領収書の返却を忘れてお客様から苦情が入った場合、一般のお客様なら支店長代理が対応して問題ないと思う。むしろ大きな問題でないのに最初から支店長が対応して、そこでうまく解決できなければ後がない。**支店長代理が対応して、それでもお客様が納得されなかった場合は支店長が対応する**

といった二段構えにするほうがよい。

支店長が最初から出ていくケースは、こちら側の失敗により重大なご迷惑をかけたときや、役席では対応しきれないようなお客様の場合と考えておけばいいであろう。そしてそういったお客様に対応するときは、**役席を証人という意味で同席させる**ほうがよい。

トラブルや苦情には解決に向けて真摯に対応し、場合によっては本部関連部署に逐次相談することが必要だ。しかしながら、肝に銘じておかなければならないのは、**「支店長の後ろには誰もいない」**ということである。

最初に支店長となった店への赴任初日、つまり、初めて自分が支店の最終責任者になった日、店内で私は表向き平気な顔をしていたつもりだが、内心、「どうか無事に3時にシャッターを閉められますように」とびくびくしていた。うれしさよりも「何かトラブルが発生したらどうしよう。赴任初日に笑いものになる」という不安でいっぱいだった。

それまでの支店経験の中で、「ややこしいお客様」たちとも組みしてきた経験はあったが、実際に頼りになったかどうかは別にして「後ろには支店長がいる」

という状況と「もう自分の後ろには誰もいない」という状況では、プレッシャーは格段に違った。

このとき私は確かに「自分の後ろには誰もいない。責任はすべて私が取らなければならない」と感じていた。しかし、後にエリア長になったときに、「自分の後ろにはエリア長がいる。本部がある」と思っている支店長が意外に多かったことには驚きを覚えた記憶がある。

エリア長は支店長経歴の長いベテランがなることが多いので、もちろんわからないことは聞けばよい。しかし、自分の意見や考えも持たずに丸投げで相談してくる支店長もいたし、お客様とトラブルになり、「一緒に謝りに行ってください」とも言ってきたことがあったのにはびっくりした。

どうしても収まりがつかない場合にはエリア長や本部の部長、または役員が謝りに行かなければならないことは、確かにあるかもしれない。ただ、その場合でも、**要は支店長の言い方、気の持ちようではないかと思う。「私が最終責任者です」「私の言うことが○○銀行の言うことです」ときっぱり言えるかどうかだ。**

たとえお客様に「頭取を出せ」と言われても、「いいえ、出しません。頭取や役員に言ってもらっても同じことですから、私が対応します」くらいの気概で臨めば、支店長で何とかなるものである。

column

クイズ大会

3か店で支店長を務めたが、どの店でも週に一回、業後に全員が集まって支店にまつわるクイズ大会をしていた。例えば○○支店なら○○クイズ、△△支店なら△△クイズといった具合の名前をつけていた。

支店のことやエリアについて、私は興味を持ち、できる限り知りたいと思って活動していたが、部下にも興味を持ってほしいと思っていた。ただ、「地域を知れ」と言うだけではなかなか動かない。そこで考えて実施したのが、支店やエリアに関するクイズ大会だった。

例えばどういうものかというと、「近くにある神社のJ宮は、何の神様として有名でしょうか?」「当店の総預金、総貸出金は□□円、××円ですが、ライバル行である○○信金○○支店のそれはいくらでしょうか?」「今の支店長は当店の何代目支店長でしょうか?」「いつも窓口に来店されるH商事の女性は、社長から見てどういう関係にあたる方でしょうか?」「○○支店長代理の子供さんのお名前は何でしょうか?」等々である。

これを支店長を含めて全員が持ち回りで、1回につき5～6題の問題を作って出題する。当然担当になった者は問題を考えなければならないので、嫌でも支店や地域のことを調べたり考えたりしなければならない。そうしているうちに、いろいろなことを知ることになる。

出題でその行員のセンスが出たり、中には感心するようなことを調べてくる行員もいたりして、結構盛り上がったものだった。

第5章

支店長はどうあるべきか？

1 支店長としての矜持

——時にはすべてを投げ打つ覚悟を

いくつか具体例をあげて話そう。

最初に支店長となった店の主要取引先にA社があった。同社は業況順調で既存の工場が手狭になり、新しい本社兼工場用地を探していた。

ある日A社の社長が、「B銀行が探してきた物件を買うことにした」と言ってきた。聞いてみると、その物件は、私も存在自体は知っていたが、いろいろなものが不法投棄されているという噂があったため、紹介しなかった土地だった。そのことを社長に告げたところ、「噂は知っているけど、まあ大丈夫でしょ」と特に気にせず買うとのことであった。

さて、困ったことになった。不動産を買う場合、基本的にはその物件を紹介してくれた金融機関で借入をするのが通例である。現在の本社物件には当行の担保が設定されており、売却するとなれば抹消せざるを得ない。今回購入する物件の担保設定はB銀行が第一順位で行い、実質的にメイン銀行が交替することになってしまう。

私は何度も足繁くA社に通い、「せめて今回の借入条件のいい銀行で借りるということにしてもらえませんか」と頼んだ。こんなところでA社のメイン銀行の座が奪われてしまうなら、この支店の支店長なんてしていく資格がない。先人に顔向けができない。そう私は思った。最終的に、社長は今までの当行への恩義も感じてもらい、「経済合理性」を前面に出して、借入れは当行とB銀行の条件の良いほうで行うということにしてもらった。

当時たまたまであるが、京都府の制度融資で破格の条件の固定金利貸出があった。当行はいち早くその条件提示をした。実はB銀行もその制度融資の対象金融機関であったが、府外の銀行でもあり、どうやらその存在を知らなかったようであった。いろいろと提案をしてきたようだったが、当行の条件を上回ることはできなかった。A社には他のことでB銀行への義理を果たしてもらい、本件はなんとか当行で借入してもらうことができた。支店長としての首もつながったと思った。こうしたことで実際に首になることはないだろうが、そういう心掛けで仕事をしていたことは事実である。

取引先のことをよく知っていたからこその決断

第3章でも少し触れたが、昨今は「事業性評価」なるものが流行りである。正直なところ、「なぜ今になって改めて言われているのか?」甚だ不思議である。事業性評価とは「お客様をよく知り、そのお客様に対してどう向き合っていくか」ということであり、これは地銀にとっては至極当たり前のことなのである。

もう少し言えば、「この部分」でしかメガとの差別化はできない。外為業務や種々のコンサルティング業務、あるいは投資信託の商品ラインナップ等々、どう転んでも勝てない業務はたくさんある。**我々地銀が勝てるのは「お客様を知っている」ということであり、そのためには知ろうとする不断の努力が必要なのである。**

エピソードをひとつ紹介しよう。その店は中規模店舗で、京都府外店舗ではあるが歴史は古く、先人達の努力もあってアウェイ感はあまりなく、「地元の銀行」

という受け止め方をお客様からもしていただいていたと思う。

この支店の特筆すべきことは、本店営業部に匹敵するくらい「内容良好な中堅企業」が取引先に多かったことである。赴任してほどなくリーマンショックが訪れた。倒産企業が増えて困るということはほとんどなかったが、主要先が受注減による縮小均衡を図り、資金需要が本当になかったということを覚えている。

主要先の中に株式会社A製作所という企業があったのだが、本社が近隣にあるのだが、シェア全国2位（当時）の業界では名だたる企業で、社歴も古く全国展開しており、主要都市に支店や営業所を構える超優良企業であった。取引銀行はメガのC銀行、政府系金融機関D、当行が並行取引といった感じで、E銀行も少し取引があった。正直なところ、「なんでこんな企業が当行と取引をしてくれているんだろう」という印象すらある企業だった。

そんなA製作所からある日、「関連会社であるA工業の件でバンクミーティングを開きたい」という連絡が入った。A工業はA製作所のグループ企業で、オーナーであるA家の本家筋が製作所を、分家筋が工業を経営している格好であった。製作所の社長から見れば従兄弟にあたる人物が工業の社長をしていた。工業のほうの社長は、人柄もとても穏やかでいい方だったが、経営者というよりも技術者といった感じの人物で、業績は赤字続きであった。

製作所と工業には直接の商流はほとんどなく、製作所の社長にすればほっておいてもいい話ではあるが、A家の本家筋としてそういう訳にもいかず、ちょっとひと肌脱ごうという感じであった。

バンクミーティングには私と担当者で参加をした。他行はB行とC行が次長と担当者で参加していたと思う。

冒頭、製作所の社長から次のような説明があった。

「関連会社のA工業については、赤字続きでご心配をおかけして申し訳ない。今のままでは業容が改善する見込み少なく、工業の社長とも相談して、次のような決定をした。工場を大幅縮小し、ドラッグストアや外食等の複合商業施設を建設し、そこからの賃料収入によって安定的に収入を得ていこうと思う。現在の受注状況ではこれだけ広い工場は必要ない。しかしながら、そのためには建設費用が必要なのと、あわせて現在の借入の約定返済をストップしてもらわなければならない。この事業の計画遂行にあたっては、製作所が全面的に責任を持ってバックアップする。商業施設の建設費用ならびにその稼働までの運転資金を各金融機関に1億円ずつお願いしたいのと、既存分の1年間の返済猶予をお願いしたい」

そして、金融機関からの意見を聞きたいということとなった。他行からは「新債を出して返済を止めるというケースはなかなかない」「製作所の保証をもらえるのか？」等々の手厳しい意見が出たが、私は次のように言った。

「製作所の社長が全面的に責任を持ってバックアップするとおっしゃるのなら、当行はご協力させていただきます」「本来、製作所の社長がすべきことではないのに、ここまでかかわっていらっしゃるのには、それなりの思いや事情があるのでしょう。ここで皆さんの前でおっしゃっているのだから、製作所の保証は当行は必要ありません。万一、他行さんができない場合はその分も当行がさせていただきます」

これには他行も慌てたようだった。「私には決める権限がありませんので、持ち帰り本部と相談します」などと言い訳していたが、この類の話は私にも決裁権限があったわけではない。だから、私の行動が正しいことであったかどうかというと、正しくはないと言えるであろう。

では、なぜ即答でそうした回答をしたのか？

まず、A工業の現状の業績や社長の資質から見て、今回の申し出は大変理にかなっており、同社にとってもまた当行にとってもいい話だと判断したからである。新規に貸出を行い、既存分の返済を止めるという極めてイレギュラーなケースではあったが、不動産を担保に取れるので、ある程度の保全は固まる。また、工場は市内の幹線道路に面しており、複合商業施設に転用するにあたっても十分企業誘致もできるし、また集客も可能な場所である。ただこれが工業からの単独の申し出であるなら、私も二つ返事で即答はできなかった。

これがA製作所の社長からの話であったから即答したのである。製作所は確固たる営業基盤ができており、何より歴史のある企業なので、法人資産の含み益が凄かった。日本各地に所有している営業所や遊休地の土地はほとんどが古くに買ったものであり、時価に引き直すと相当のものであった。

表面的な財務内容は若干借入が重いように見えるが、実際は、A工業の借入などその気になればA製作所でどうにでも吸収できるものであった。

製作所の社長としては、工業を乗っ取ったと一族の中で思われないように分家筋の顔も立てつつ、けれど、今こういうことをしておかなければ手遅れになると思い、バンクミーティングを開いたのだと思う。

ここで、今言うところの「事業性評価」に照らし合わせて考えると、私は他行よりも圧倒的に工業のことも製作所のことも知っていたと思う。ちなみにA製作所の社長の自宅は京都市内の真ん中に位置し、蔵があるような立派な家で、安く見積もっても5億円ぐらいはする物件だった。

若干話は逸れるが、私は、お中元、お歳暮は会社に送るのではなく、基本的に社長の自宅に持参していた。目的は社長の自宅を見るため、どんな奥様かを見るため、そして決して高価な贈答品ではなかったが、「わざわざ支店長が自宅まで持ってきてくれた」という印象を先方に与えるためである。

そんなこともあったので、**A製作所の社長の自宅の様子もよく知っていた。加えて普段から様々な会話をし、会社の実態や内情も調べていたからこそ、即時にそういう判断ができた**と思う。

私にはこの件に関する決裁権限はなかったが、審査部を十分説得できる材料があると判断したからそう答えた。今のご時世、企業の論理からすれば、私のこの時の行動は間違っているのだろうが、「ここでこう答えるべきだ」と判断した。万一、審査部を説得できない場合は、職を辞するぐらいの覚悟でいた。

支店長には決断しなければならないときがある。生半可な気持ちでできるポジションではない。そのことは、世の地銀の支店長も十分心がけておくべきである。

当行は、この件でA製作所から絶大なる信頼を得た。先にも述べたとおり、当行程度がなかなかお取引できない規模の企業であるが、以降、メイン行としての地位を築くことができた。また、A製作所の社長には今でも、「あの時は本当にお世話になった」と言っていただき、あれから10年ほど経つが、今でも年に1〜2回は飲みに行く間柄でお付き合いいただいている。

支店長としての矜持とは、こういうことではないかと思う。**それは背負っているものの大きさであり、責任の大きさであり、使命の大きさである。それらのために一生懸命働き、決して驕り高ぶらず、しかし時にはすべてを投げ打つ覚悟で決断しなければならない。**

そういうことができる人が本当の支店長であると同時に、そうできることが支店長の醍醐味であると思う。

2 支店長に必要な資質とは？

――有意義な支店長生活を送るために

様々な書籍等に、「支店長はかくあるべし」ということが書かれている。ここでは堅苦しいことではなく、ここまでいろいろ述べてきたことを踏まえて、支店長に必要な資質とは何かということについて述べたい。

(1) ぶれない意思の強さ

「決めたことは決めたとおりに、できるまでやる」「できない場合はやめると言う」というような、ぶれない意思の強さが支店長には必要である。支店長がこういう姿勢なら、部下は指示に従う。

だから、「あれはどうなっている？　いつまでにできる？」とタイムリーに必ず聞くことが重要である。支店長が一回「これをやる」と言ったことをいつの間にかやめていたら、部下はみんな、いつの間にか言うことを聞かなくなる。

そして、**支店の業績等というのは、すべてはこの「決めたとおりにやる」ことの積み重ねでしかない。**

自分の場合、いろいろ反発もあったが、反発した部下たちも、最終的には「この支店長に対しては、ごちゃごちゃ反対するより、やったほうが早い」と諦めていたようである。

(2)喜怒哀楽

支店長は喜怒哀楽がはっきりしているほうがいい。イメージするなら、かつてプロ野球のロッテにいたボビー・バレンタイン監督のようにである。

部下は、「何をしたら支店長は喜ぶのか」「何をしたら支店長は怒るのか」が単純明快にわかったほうが仕事がしやすい。「何を考えているのかわからない」という支店長が、一番仕事がやりづらいと思う。喜怒哀楽を出すことが私は不得手だった。この点は反省しているところである。

(3)収益意識

実は、これがない支店長が意外に多い。そんな支店長は、はっきり申し上げて、支店長失格である。

支店というのは収益を生む場所で、その採算が赤字ということは、一企業が赤字ということと同じである。赤字続きなら要注意先以下である。

いろいろな事情を勘案しながらにはなるが、取れる収益はたくさん取らなければいけないし、出ていくコストは最小限に抑えなければならない。すべての支店長がそう思ってこそ、初めて強い銀行になるのである。

(4)客観的かつ冷静に全体を見渡せる力

支店長が「一番早く」何事に対しても気付かなければならない。そのためにこそルーティーンの業務が少なく、一番〝暇〟なのだと思っておくほうがいい。そして、気付くためには、客観的かつ冷静に全体を見渡せる力が必要である。

そして支店長になればわかることであるが、ちょっとした細かいゴミや汚れ、自動ドアの隙間に挟まっている小さな虫の死骸に気付くことができるのも支店長だけである。支店長になるまで私は見つけられなかったが、なった途端、目についいて仕方なかった。

(5)責任感

責任感と言ってしまえば陳腐な言葉になるが、ここで言うのは、「この支店は自分自身」と心底思えるような責任感である。

例えば、支店に銀行強盗が入ったとしても、自分一人が人質になり、お客様や他の行員は逃がすぐらいの気概は必要である。**何事に対しても「この人は逃げない」という雰囲気は、自然とお客様や行員に伝わる**ものである。

(6)好奇心

いろいろなお客様や、そのお客様の仕事の内容を知るのは本当に楽しいことである。そういう気持ちがあれば、外訪せず、じっと支店にいるなどということはないはずだ。**好奇心が気付きを生み、そして収益を生む。**

私は今もう一度支店長をさせてもらえるとしたら何がしたいかと問われれば、「お客様のところへ行きたい」と迷わず答えるだろう。現役の支店長のときも、他の支店長よりお客様への訪問はしていたと思う。けれど、もっともっと行って、いろいろ話を聞いておけばよかったと後悔している。

支店長としてお客様に迎えられ、話ができるということは本当に素晴らしいことである。無限の可能性を秘めている。

これを読んでいる支店長の皆さん、これから支店長になる皆さんは、ぜひそんな有意義な支店長生活を悔いのないように歩んでほしいと思う。

結びにかえて
支店長は素晴らしい仕事

最後まで読んでいただいた読者の皆さんに本当に感謝申し上げたい。

私は2019年8月に、京都銀行を役職定年退職した。

たくさんの失敗もした。悔しい思いもたくさんした。業務において、また部下に対して、あのとき、こうすればよかったという後悔もたくさんある。

けれど銀行員生活最後の瞬間、思い出すのは、楽しかった、うれしかったことばかりであった。その意味では、私の銀行員生活は充実したものであったと言えるのだろう。


私が本書を通じて伝えたかったのは、**「地域金融機関の支店長というのは本当に面白く、やりがいのある仕事である」**ということである。

支店長は、矜持を持って臨めば、地域のお客様を、部下を、そして自分自身を、より良いものに変えていけるポジションである。地銀の未来は厳しいと言われるが、それは支店長ひとりひとりがどう行動していくか次第ではなかろうか。

本書を通じて、支店長という仕事の素晴らしさが皆さんに少しでも伝われば、幸甚である。

最後になりましたが、本書の執筆にあたりご協力いただいた京都銀行役職員の方々をはじめ、多数の方に感謝申し上げます。

［著者紹介］
中西　務（なかにし つとむ）

1964年8月、京都市生まれ。1987年大阪大学経済学部卒。同年京都銀行に入行。支店長3か店、融資推進室長、統轄エリア長、滋賀営業本部長、新規開拓ブロック長などを歴任。支店長時代には、業績表彰最優秀店2回をはじめ、数々の表彰を受賞。

営業現場で培ってきた豊富な経験をもとに雑誌『近代セールス』に「成約率がぐんぐん上がる！ 住宅ローン営業の極意」（2017年）、「すぐに効く！事業所新規開拓「困った」への処方箋」（2018年）を連載、好評を得る。

2019年8月に役職定年退職。

宅地建物取引士、日本証券アナリスト協会検定会員。

地銀支店長という仕事
どう動き、どう生きるか

2020年3月23日　初版発行
2021年9月22日　第2刷発行

著　者――中西　務
発行者――楠 真一郎
発　行――株式会社 近代セールス社
〒165-0026 東京都中野区新井2-10-11 ヤシマ1804ビル4階
電話　(03)6866－7586
FAX　(03)6866－7596

装幀・DTP――今東淳雄（maro design）
編集――飛田浩康
印刷・製本――三松堂株式会社

ISBN978-4-7650-2166-1